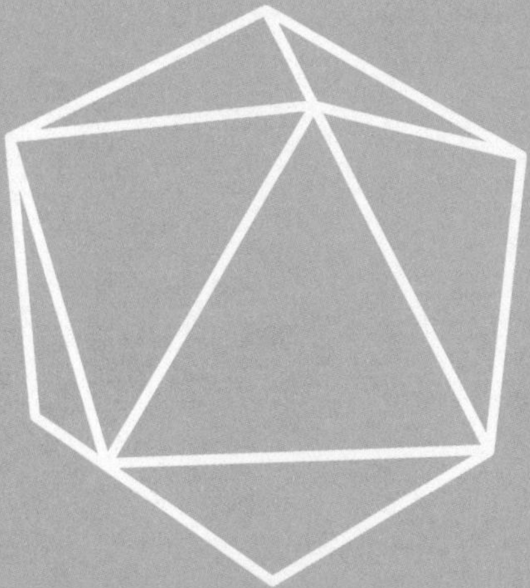

Frank Berzbach

DIE KUNST EIN KREATIVES LEBEN ZU FÜHREN

ANREGUNG ZU ACHTSAMKEIT

verlag
hermann
schmidt

ICH SITZE IM SEGELBOOT UND RUDERE

PIERRO FERRUCCI

◆

Wie kann ich
vom Ruderer zum Segler werden,
vom Macher zum Gestalter,
vom festgefahrenen
zum kreativen Menschen?

NIKLAUS BRANTSCHEN

DIE KUNST EIN KREATIVES LEBEN ZU FÜHREN

Seit einigen Monaten steht neben der Espressomaschine in meinem Büro eine kleine Teeschale. Frank Berzbach hat sie mir geschenkt und manchmal, wenn Meetings, Mails und Manuskripte mich zu sehr in die Mangel nehmen, scheint diese kleine Schale mir zuzurufen »Geh Tee trinken!«.

Das raten Zen-Meister ihren Schülern auf die wirklich wichtigen Fragen des Lebens. Nicht im Tein (und erst recht nicht im Koffein) liegt dabei die Antwort, sondern in der Ruhe, im Abstand gewinnen, im Loslassen. Genau das aber fällt im Kreativalltag so schwer. Wir sind geboren, um zu performen, Deadlines dominieren den Alltag – und der frisst sich zunehmend auch in die Abendstunden hinein. »Nicht arbeiten« hieß deshalb das letzte Kapitel von Frank Berzbachs Erfolgstitel *Kreativität aushalten.* Weil die Pausen zum Leben gehören! Auch zu dem in den Creative Industries.

Als Frank Berzbach uns kurze Zeit später vorschlug, ein Buch über Achtsamkeit zu schreiben, waren wir sofort angetan. Und wir verabredeten etwas, das in der Verlagsbranche inzwischen unvorstellbar ist: Es gab keinen Terminplan. Keine Vorankündigung, kein Cover in der Vorschau, keine Messe-Dummys, nichts dergleichen. Stattdessen gab es Zeit. Es gab Monate, in denen wir nichts voneinander hörten. Es gab Briefe – ja, diese altmodischen Dinger, die der Postbote einwirft und die keine Rechnungen sind. Sie waren mit der Hand mit Füller geschrieben und mit Zeit und Laune variierten die Farben der Tinte. Es gab Wochenenden und Urlaube, in die ich den Ausdruck des aktuellsten Kapitels mitnahm, das Frank Berzbach mir mit einer kleinen Probe seines aktuellsten Lieblingstees geschickt hatte. Es gab Anmerkungen, Anregungen, das Projekt wuchs. Es wuchs langsam. Mit Bedacht.

Kein Weihnachtsgeschäft, keine Messe durfte es hetzen, das hatten wir einander versprochen! Irgendwann war es rund. Dann erst – wir hatten immer noch keinen Titel und keinen U4-Text – kam Katrin Schacke hinzu, der wir schon die gestalterische Umsetzung von *Kreativität aushalten* verdanken. Sie nahm sich Zeit zu lesen. Horchte in sich hinein – und präsentierte einen (ja, einen!) Entwurf.

Dann ging alles sehr schnell. »Ich habe dreißig Jahre gebraucht, um über Nacht berühmt zu werden«, sagte Harry Belafonte mal.

Ginge es nach den Glaubenssätzen der Buchbranche, könnte dieses Buch jetzt nicht vor Ihnen liegen. Und doch liegt es da. Freut sich auf Sie. Lädt Sie ein: zu einem stillen Gespräch. Zum leisen Denken. Auch dazu, die ungeschriebenen Gesetze, die Ihr Leben immer schneller werden lassen, zu hinterfragen. Und dazu, die Gestaltung Ihres allerwichtigsten Projektes nicht vor lauter Meetings aus den Augen zu verlieren: die Ihres Lebens!

Wir haben viel gelernt in der Arbeit an diesem Buch. Eines davon ist das Wort »nein«. Nicht allen Erwartungen und Usancen zu entsprechen. Und wir haben gelernt, dass Arbeit dann noch mehr Spaß macht. Das verdanken wir ganz wesentlich Frank Berzbach – wir sind glücklich, Dich zu kennen, lieber Frank, DANKE!

▲

Karin und Bertram Schmidt-Friderichs

INHALT

INHALT

◆

ZWISCHEN VIER WÄNDEN ODER HIMMEL UND ERDE?

Schön, dass Sie da sind! Dies ist nämlich ein ganz unwahrscheinliches Ereignis. Zwei Menschen sind sich begegnet und hatten Sex genau im schmalen zeitlichen Korridor weiblicher Fruchtbarkeit. Das Spermium, aus dem gerade Sie entstanden sind, war schneller als Millionen anderer. Gott hat Sie am Kragen gepackt und aus dem Paradies vertrieben. Dafür können Sie nun Gut und Böse unterscheiden, weil Sie vom Baum der Erkenntnis genascht haben, und trotz dieser Untat sind Sie Gott »ebenbildlich«. Aus fernöstlicher Sicht noch mehr Grund zur Freude: Buddha betonte, dass es extrem unwahrscheinlich sei, als Mensch wiedergeboren zu werden. Im letzten Leben müssen Sie also ganz großartig gewesen sein, andernfalls säßen Sie jetzt eventuell in einer Legebatterie im A4-Format oder wären ein Protagonist im Dokumentarfilm *Earthlings.* Sie lesen aber gerade dieses Buch in einem der reichsten Länder der Welt und wahrscheinlich haben Sie einen der besten Berufe dieser Wohlstandswelt – einen, in dem Ihre kreative Arbeit mehr oder weniger Ihr Auskommen sichert.

Oft und in fast jeder Hinsicht ist das Leben also ein Geschenk. Ganz unabhängig davon, wo Sie Ihren Ursprung suchen – in der Biologie, im Zufall, in Gott oder in einem früheren Leben –, jedenfalls hatten Sie persönlich keinen großen Anteil daran. Sie wurden nicht gefragt, ob Sie dieses Leben wollen. Andy Warhol schrieb in sein Tagebuch: »Wenn man geboren wird, ist das so, wie wenn man entführt wird.« An die ersten zwei bis drei Jahre haben wir keine Erinnerung, und hätten andere uns nicht versorgt, hätten wir nicht überlebt. Wir sind noch da wegen der Kooperation anderer, meist unserer Eltern. Was Sie nun daraus machen, ob Sie kreativ tätig werden oder nicht, das liegt an Ihnen! Es ist natürlich nicht nur, aber vor allem *auch* Ihre Sache. Sie sind zwar nicht immer Ihres Glückes Schmied, aber noch weniger sind Sie *nur* Opfer der Umstände. Dieses Buch jedenfalls richtet sich an die Anteile von Leben, Kreativität und Arbeit, auf die Sie Einfluss nehmen können. Und das sind mehr, als Ihnen vermutlich bewusst ist.

Das alles ist so selbstverständlich, dass wir es leider im Alltag vergessen. Erst wenn Kinder uns mit ihrer Neugier konfrontieren oder wir in Lebenskrisen geraten, kehren wir zu den grundlegenden Einsichten zurück. Immer, wenn uns unser Leben nicht gefällt oder es nicht weitergeht, drängt sich die Frage auf: Wie sollen wir leben? Mit der Antwort auf diese Frage sind Menschen seit Jahrtausenden beschäftigt. Hartmut von Hentig charakterisierte intelligente Menschen dadurch, dass sie tun, was sie *sollen*. Wie sollen wir leben? Dieses Buch richtet sich aber an Menschen, für die Kreativität eine grundsätzliche Lebensform ist – und von Hentig schildert diese anders: Es sind die, die tun, was sie *wollen!* Eine der Grundfragen dieses Buches wird daher sein: Wie *wollen* wir leben? Stellen Sie sich diese Frage, und allein dadurch ändert sich Ihre Sichtweise! Diese Frage ist provozierender, klüger und ermutigender als die nach dem »Sinn des Lebens«. Auf den folgenden Seiten wird es darum gehen, welche Erfahrungen für Kreative hilfreich sein können. Dabei zur Sprache kommen wer-

WIE WOLLEN WIR LEBEN?

den Philosophen, unkonventionelle Wissenschaftler, Mystiker und Schriftsteller verschiedener Weltreligionen – garantiert schöpferische Menschen. Kreativität ist weniger ein wirtschaftlicher als ein geistiger Prozess. Und der Geist, lateinisch »spiritus«, lässt sich daher ganz ohne »Spiritualität« nur eindimensional thematisieren. In diesem Geist entsteht, was wir Kreativität nennen. Und, trotz aller Wissenschaft, kann bisher keiner wirklich überzeugend erklären, woher Kreativität kommt. Das führt dazu, dass Ihnen hier keine Rezepte gegeben oder Musterlösungen versprochen werden. Sie sollen auch nicht bekehrt werden!

VIELE SIND HARTNÄCKIG IN BEZUG AUF DEN EINMAL EINGESCHLAGENEN WEG, WENIGE IN BEZUG AUF DAS ZIEL

F. NIETZSCHE

Es geht weder um Kreativitätstechniken, die hilfreich sein können, noch um die vermeintlichen Weisheiten der Gehirnforschung. Wie auch in meinem ersten Buch, *Kreativität aushalten,* soll es um die Art von Wissen gehen, das schon einige Moden und Trends überstanden hat. Auch hier werden Sie meinem Versuch folgen können, »unmodernen« Themen eine neue Aktualität zu verleihen. Dies soll zum einen nützlich für Ihre Lebens- und Arbeitsgestaltung sein, Sie aber auch zum Nachdenken bringen. »Viele sind hartnäckig in Bezug auf den einmal eingeschlagenen Weg, wenige in Bezug auf das Ziel«, schreibt Friedrich Nietzsche in *Menschliches, Allzumenschliches.* Ich will Sie mit *neuen Wegen* bekannt machen, die manchmal alt und zu Unrecht vergessen sein können, um dem Ziel eines kreativen Lebens näher zu kommen.

Das Innehalten ist wichtig für die Kreativität, sonst hat diese nämlich nur noch innerhalb der vier Wände Ihres Büros Platz. Kreativität ist viel mehr als berufliches Problemlösen. Leben und Arbeitsleben spielen sich ab zwischen Himmel und Erde – genug Raum also für Gestaltung. Vielleicht hatte Franz Kafka recht: »Es gibt ein Ziel, aber keinen Weg. Was wir Weg nennen, ist Zögern.«

1

DAS LEBEN ALS ATELIER

1

DER TUNNEL AM ENDE DES LICHTES

Wir zögern oft, wenn es darum geht, die Gestaltung des eigenen Lebens in die Hand zu nehmen. Dafür gibt es viele Gründe: uneingestandene Ängste, Trägheit oder Pessimismus. Ein Blick in die Zeitung genügt und wir denken: dieser Planet ist nicht mehr zu retten. Dabei fallen wir allerdings eher auf die Skandal- und Problemfixierung der Massenmedien herein. Leider stammt der Großteil unseres Wissens über die Welt aus diesen Medien. Während sich die reale Situation verbessert hat, nimmt der Pessimismus mit dem Lebensalter oft zu. Die Spätwerke vieler Künstler sind düster. Die späten Bilder von Henri Matisse, die vor Farben- und Lebensfreude strahlen, bilden eine erfreuliche Ausnahme. Seine Werke werden konzentrierter und wesentlicher, sprühen aber vor Kreativität. Pablo Picasso, der sich ansonsten eher abfällig über zeitgenössische Kollegen äußerte, hielt Henri Matisse für den bedeutendsten lebenden Maler. Der muss etwas richtig gemacht haben im Leben! Warum aber sehen viele nur den Tunnel am Ende des Lichtes?

»Jemand musste Josef K. verleumdet haben, denn ohne dass er etwas Böses getan hätte, wurde er eines Morgens verhaftet.« So beginnt Franz Kafkas *Der Prozess*. Der Autor des beklemmenden Romans leuchtet akribisch die düstere Seelenverfassung der bürgerlichen Kultur aus. Die hält sich unablässig für schuldig, und sie scheint konsequent im Untergang begriffen. Unsere westliche Kultur ist geprägt von der Vorstellung der Erbsünde und die Amtskirchen haben diese Idee lange Zeit genutzt, um Menschen moralisch zu quälen und zu verunsichern. (Auf ungeschönte Weise zeigt das Michael Haneke in seinem meisterlichen Film *Das weiße Band*.) Diese kulturelle Prägung betrifft durchaus unseren Alltag, oft auch den von Menschen, die sich als Atheisten bezeichnen. Viele haben nur die Götter ausgetauscht: egal ob sie an die Vernunft, an Geld oder an Leistung glauben – am Ende des Tages fühlen sich viele Menschen schuldig, sie haben ein schlechtes Gewissen. Wieder zu wenig geschafft oder zu wenig Geld verdient, wieder die eigenen Ziele verfehlt und wieder zu wenig Zeit gehabt zum Lesen. »Schuldgefühle sind eine Reaktion auf unerlöstes Leid, und Schuldgefühle sind nicht selten der Wurzelboden für grauenhafte Aggressionen, die dann auf ganz andere Weise rationalisiert werden«, schreibt der Religionswissenschaftler Michael von Brück. Schuldgefühle sind Aggressionen, die wir gegen uns selbst richten.

SCHULDGEFÜHLE SIND AGGRESSIONEN, DIE WIR GEGEN UNS SELBST RICHTEN

Wer sich schuldig fühlt, auch wenn er nichts Böses getan hat, wird sich nicht mehr bewegen. In Kafkas Roman beginnt der Held zwar zu strampeln, aber am Ende geht er freiwillig zum Hinrichtungsplatz: Es hat eben doch keinen Sinn, gegen die Schuld – auch wenn es dafür gar keine Beweise gibt – anzukämpfen. »Erlernte Hilflosigkeit« nennen Psychologen solche Phänomene:

Wer gar keine Aussicht auf Verbesserung sieht, der hört auf, sich zu wehren. Der kann weiterhin Atomstrom beziehen, Billigfleisch essen und im Scheingeländewagen herumfahren. Viele sind dankbar dafür, dass die Massenmedien uns suggerieren, wir könnten nichts ändern. Und es ist ohne Zweifel sehr bequem, daran zu glauben. »Gutmenschen« werden spöttisch die genannt, die sich nicht vom Pessimismus anstecken lassen. Dabei sind es genau die Menschen, die ihr eigenes Leben in die Hand nehmen und die unsere Welt vor dem Untergang retten.

Wer sein Leben mitgestalten will, muss also zuerst einmal für klare Sicht sorgen. Einseitigkeit lässt uns zögern. »Manche Menschen neigen dazu, die Schattenseite völlig zu negieren und zu verdrängen, nicht wahrhaben zu wollen. Andere sehen nur die negative Seite. Der Pessimist sagt: ›Jedes Ding hat zwei Seiten, nämlich zwei Schattenseiten.‹ Dann ist alles schwarz«, schreibt der Kalligraph, Zen-Lehrer und katholische Pfarrer Karl Obermeyer. »Ich war völlig überzeugt davon, dass sich die Welt auf der Überholspur zur Hölle befand«, schreibt der Punkmusiker und Monsterfilmemacher Brad Warner, heute einer der unkonventionellsten Zen-Meister der westlichen Welt. Im Epilog seines Buches *Hardcore Zen* schreibt er aber: »Die Welt verändert sich. Die Dinge bessern sich. (...) Bedeutet das Loslassen deines eingefleischten Pessimismus, dass du das, was auf der Welt nicht stimmt, ignorierst? Nein. Weit gefehlt. Zu sehen, was verkehrt ist, und den Finger darauf zu legen, spielt eine große Rolle dabei, die Dinge zu verbessern. (...) Du kannst dein Leben verändern, und es ist unerlässlich, dass du es tust. Denn nur du allein kannst das tun. Kein Guru kann

NUR DU ALLEIN HAST DIE MACHT, DEN ORT, AN DEM DU LEBST, ZU EINEM WUNDERSCHÖNEN ORT ZU MACHEN

B. WARNER

dein Leben zurechtrücken. Kein Zen-Meister kann dir den Weg weisen. Nur du allein hast die Macht, diesen Ort, an dem du gerade jetzt lebst, zu einem wunderschönen Ort zu machen, dass selbst Gott persönlich sich nichts Besseres erträumen könnte.«

2

FRUSTRATION ALS TREIB-STOFF

Wer oft unzufrieden ist oder frustriert, der sollte sein Leben ändern. Andernfalls wird er für sich selbst und sein Umfeld zum Quälgeist. Kreative haben diese Unzufriedenheit mit dem real Existierenden in ihr Leben eingebaut: nur wem die bisherigen Lösungen nicht ausreichen, wer sie hässlich, schädlich oder unfunktional findet, wird schöpferisch tätig. Diese Logik gilt auch für das Leben. Nur ist der Gestaltungsraum nicht mehr vom Bildschirm, der Kamera oder Produkten begrenzt. Die Werkzeuge, um sein Leben zu ändern, sind keiner Menüleiste zu entnehmen. Die Gründe für die Unzufriedenheit sind oft ganz trivialer Natur: Zu wenig Zeit, zu wenig Freiheit, scheinbar zu wenig Geld, Probleme mit anderen Menschen (und mit sich selbst). Wie das Gefühl der Unzufriedenheit sich genau begründet, wo die ganz konkreten Ursachen liegen, ist oft nicht herauszufinden. Gehen wir näher an die Probleme heran, sind sie keine mehr, oder es liegt auf der Hand, was zu tun wäre: anders mit sich und der Zeit umgehen, bevor man krank wird. Sich einen anderen Job suchen, die Bedeutung von Geld und eigenen Wünschen überdenken oder sich mit anderen Menschen umgeben. Es gibt immer wieder schwierige Zeiten im Leben, mit Veränderungen und Konflikten, aus denen wir mit Narben, oft aber auch erneuert hervorgehen. Etwas bricht über uns herein, manchmal war es – natürlich nur im Nachhinein – ganz heilsam. »Wer weiß, wofür es gut ist«, sagen ältere Menschen oft. Wir wollen das nicht hören und es scheint auch nicht zu helfen; aber der neunmalkluge Satz beruht dennoch auf langer Lebenserfahrung. Der Kern des Sprichwortes besteht darin, dass wir unsere eigenen Bewertungen oft zu ernst nehmen, obwohl wir niemals die Gesamtsituation unseres Lebens überschauen können. Eine chinesische Erzählung illustriert dieses Phänomen, sie findet sich in Michael von Brücks Buch *Wie können wir leben?*:

In einem chinesischen Dorf lebte ein alter Mann, der ein wunderschönes Pferd besaß. Darum beneideten ihn selbst die Fürsten. Der Greis lebte in ärmlichen Verhältnissen, doch sein Pferd verkaufte er nicht, weil er es als Freund betrachtete. Als das Pferd eines Morgens verschwunden war, erzählte man sich im ganzen Dorf: »Schon immer haben wir gewusst, dass dieses Pferd eines Tages gestohlen würde. Welch ein Unglück für diesen alten Mann!« »So weit dürft ihr nicht gehen«, erwiderte der alte Mann. »Richtig ist, dass das Pferd nicht mehr in seinem Stall ist, alles andere ist Urteil. Niemand weiß, ob dies ein Unglück ist oder ein Segen.« Nach zwei Wochen kehrte der Schimmel, der nur in die Wildnis ausgebrochen war, mit einer Schar wilder Pferde zurück. »Du hast recht gehabt, alter Mann«, sprach das ganze Dorf, »es war ein Segen, kein Unglück!« Darauf erwiderte der Greis: »Ihr geht wieder zu weit.

Tatsache ist nur, dass das Pferd zurückgekehrt ist.« Der alte Mann hatte einen Sohn, der nun mit diesen Pferden zu arbeiten begann. Doch bereits nach einigen Tagen stürzte er vom Pferd und brach sich beide Beine. Im Dorf sprach man nun: »Alter Mann, du hattest recht, es war ein Unglück, denn dein einziger Sohn, der dich im Alter versorgen könnte, kann nun seine Beine nicht mehr gebrauchen.« Darauf antwortete der Mann: »Ihr geht wieder zu weit. Sagt doch einfach, dass sich mein Sohn die Beine gebrochen hat. Wer kann denn wissen, ob dies ein Unheil ist oder ein Segen?« Bald darauf brach ein Krieg im Lande aus. Alle jungen Männer wurden in die Armee eingezogen. Einzig der Sohn des alten Mannes blieb daheim, weil er ein Krüppel war. Die Bewohner des Dorfes meinten: »Der Unfall war ein Segen, du hattest recht.« Darauf entgegnete der alte Mann: »Warum seid ihr vom Urteilen so besessen? Richtig ist nur, dass eure Söhne ins Heer eingezogen wurden, mein Sohn jedoch nicht. Ob dies ein Segen oder ein Unglück ist, wer weiß?«

DAS ERGEBNIS AN SICH IST OFT WEDER GUT NOCH SCHLECHT, ES IST EINFACH

Unsere Wahrnehmung besteht aus drei Schritten: Dem sinnlichen Erfassen des Ereignisses, dessen Interpretation und schließlich den Gefühlen, die daraus folgen. Das Ereignis an sich ist oft weder gut noch schlecht, es *ist* einfach. Es regnet. Nun gibt es verschiedene Interpretationen dieses unbestreitbaren Ereignisses: Man kann sich darüber freuen, weil man die Blumen im Garten nicht gießen muss. Man kann sich darüber ärgern, weil man nicht im Garten Tee trinken kann. Die Gefühle, die wir haben, folgen auf unsere Interpretation – und nicht auf das Ereignis. Der alte Mann bleibt gelassen, weil er es schafft, die Ereignisse eben nicht vorschnell zu bewerten. Da die drei Wahrnehmungsphasen schnell aufeinander folgen, suchen wir die Gründe für unseren Ärger meist in den Ereignissen selbst. Dabei sind die nur, was sie sind: Ereignisse, ohne Absicht. Die Welt hat an uns kein Interesse, wir sind nicht persönlich gemeint. »Nichts persönlich nehmen!« ist eine Regel im Zen-Buddhismus. Der Zug kommt nicht zu spät, weil die Deutsche Bahn Sie an diesem Tag ärgern will. Sie freuen sich übrigens über die Verspätung, wenn Sie selbst getrödelt haben und diesen Zug noch bekommen wollen!

NICHTS PERSÖNLICH NEHMEN!

3

DAILY STRUGGLE

Die chinesische Geschichte bezieht sich auf besondere Ereignisse. Aber besondere Vorkommnisse reichen oft nicht aus, um davon unser ganzes Unglück bestreiten zu können. Der Schriftsteller Anton Tschechow sah dies sehr klar: »Eine Krise kann jeder Idiot haben. Was uns zu schaffen macht, ist der Alltag.« Wenn wir über unser Leben nachdenken und es ändern wollen, dann betrifft das vor allem das *alltägliche Leben*. »Alltag ist der Ausnahmezustand, der zur Regel geworden ist«, schreibt der Philosoph Wilhelm Schmid. Oft wissen Kreative sehr genau, welchen Alltag sie nicht wollen: im Job eine enge

ALLTAG IST DER AUSNAHME-ZUSTAND, DER ZUR REGEL GEWORDEN IST

W. SCHMID

Beamtenatmosphäre mit fester Anfangs- und Feierabendzeit, man wartet auf den Jahresurlaub, in der Freizeit ein bisschen Sport, konservatives Mainstreamkino am Wochenende, Fernsehen an Werktagen und die traditionelle Rollenverteilung mit Alleinverdiener und Stay-at-home-Mother. Dies ist nicht die Lebensform von Kreativen. Dennoch wird aber auch die sinnleere Alternative immer öfter zum Alptraum: zwei kinderlose Vollverdiener, die Netzwerke statt Freundschaften pflegen, die aus Prestigegründen Kunst sammeln, grenzenlose Arbeitszeiten (und somit keine Frei- und Urlaubszeit mehr), keine Interessen mehr jenseits des Jobs und keine Übernahme sozialer Verantwortung. Irgendwo dazwischen, immer mit der Angst, etwas falsch zu machen, leben Kreative heute.

Alltag ist der Bereich, der sich anfühlt, als sei er quasi naturgegeben. Meist wächst er über Jahre und wird dann dominant und einengend. Dabei brauchen wir auch das Immergleiche und Gewöhnliche, um dem Leben einen Rhythmus zu geben, um nach dem *daily struggle* zurück zur Basisstation zu können. »In der bedrohlichen Unübersichtlichkeit der Welt ist der Alltag die schützende Höhle, überwölbt von der Vertrautheit des Gewohnten, gelegentlich durchbrochen vom Ungewohnten, das gesucht wird oder ungefragt hereinbricht, unweigerlich aber durch Wiederholung und Regelmäßigkeit erneut zum Alltag wird«, schreibt der Philosoph der Lebenskunst, Wilhelm Schmid. Wie bedrohlich die Welt den Menschen in der Wohlstandsgesellschaft erscheint, zeigen psychologisch beängstigende Moden wie das *Cocooning* oder in drastischer Form das Krankheitsbild *Hikikomori* in Japan. Dort verlassen Jugendliche manchmal für Jahre nicht ihr Zimmer bei den Eltern, meiden Kontakt und müssen versorgt werden.

4

DIE UNLÖSBAREN PROBLEME DES ALLTAGS

Der Alltag ist gekennzeichnet von Phänomenen, vor denen selbst die postmoderne Gesellschaft, modernste Technik und Medizin versagen. Eine Erkältung dauert eine Woche, mit der Einnahme von Medikamenten sieben Tage. Man kann jeden Tag spülen, jede Woche staubsaugen, immer wieder Wäsche waschen und einkaufen gehen. Dennoch ist bald der Kühlschrank leer, die Hemden sind schmutzig und der Staub zurück. Die nächste Erkältung, und schon wieder gehen wir los, um Papiertaschentücher zu kaufen. Alles Leben sei Problemlösen, sagte einmal ein Philosoph, aber er hat die Rechnung ohne den Alltag gemacht: »Der Zen-Koch glaubt nicht an Utopien. Probleme wird es immer geben, im Leben des Einzelnen ebenso wie in der Gesellschaft. Manche Leute meinen, indem man das Geschirr abwäscht, löst man das Problem des schmutzigen Geschirrs. Doch das stimmt nicht, das Geschirr wird schon kurz darauf wieder schmutzig sein«, schreibt der Sozialarbeiter, Zen-Meister und Gründer eines interreligiösen Netzwerkes von Friedensaktivisten Bernard Glassman.

Der Alltag ist das Reich der Fremdbestimmung, auch in der aufgeklärten Welt. »Der Haushalt ist kein Reich der *Autonomie,* sondern eines der *Heteronomie,* dominiert von der zufälligen Konstellation der Dinge (...) und in deren Durcheinander (wir) nur mit Mühe Inseln der Muße und der selbstbestimmten Tätigkeit freizuschaufeln verstehen«, schreibt Wilhelm Schmid. Wahrscheinlich gehen wir ins Kino und lesen Romane, weil die Menschen auf der Leinwand und zwischen Buchdeckeln genau davon befreit sind. Sie essen einfach, spülen aber nicht; sie gehen arbeiten, als sei das Nebensache, und da die Leinwandmenschen nie zur Toilette gehen, wird auch die nicht schmutzig. Da in Filmen auch triviale Ereignisse mit dramatischer Musik untermalt werden, erhält alles Glamour. Castingshows und Illustrierte wurden erfunden, um der Trivialität scheinbaren Glanz zu verleihen.

Wie bringen wir Kreativität in diese Hölle der Fremdbestimmung? Wie erhalten wir die sichere Festung, ohne an dem Dauerrenovieren zu verzweifeln? Mit der Haushaltsführung haben wir täglich zu tun. Da Frauen und Männer nicht zusammenpassen, streiten wir darüber auch ständig mit dem Lebenspartner oder anderen Mitbewohnern. Dennoch denken wir selten über Haushaltsführung nach. Wir gestehen uns nicht ein, dass wir auch die Organisation eines Haushaltes einmal gelernt – und im Hinblick auf viele Männer – *nicht* gelernt haben! Es ist erstaunlich, dass etwas, das uns so viel Zeit raubt und Probleme schafft, zugleich so wenig thematisiert wird. Als sei der Alltag einfach nur peinlich. Dabei ist er einfach nur da. Wie sehr wir an ihm kleben und ihn brauchen, das zeigt sich, wenn er fehlt oder in Gefahr gerät – ein Umzug, Selbständigkeit oder Kinder kriegen, dies sind größte anzunehmende »Unfälle« für die Haushaltsführung. Und da wir in einer anderen Gesellschaft leben als unsere Eltern, können wir es nicht einmal machen wie sie.

Die spanische Mystikerin und Ordensgründerin Teresa von Avila scheint den Alltag erkannt zu haben. Während andere prunkvolle Kathedralen planten oder theologische Spitzfindigkeiten diskutierten, sieht Teresa, was uns täglich aufreibt: »Denke daran, dass Gott zwischen den Töpfen und Pfannen da ist und dass er dir in inneren und äußeren Aufgaben zur Seite steht.« Der Buddhismus ist generell stärker auf den Alltag bezogen, manche nennen Zen eine »Religion der alltäglichen Dinge«. Der vietnamesische Zen-Meister Thich Nhat Hanh empfiehlt, einfach die Hausarbeit als eine Achtsamkeitsübung zu betrachten. »Wenn ihr abwascht, denkt ihr vielleicht an den Tee danach und versucht, es so schnell wie möglich hinter euch zu bringen, damit ihr euch setzen und Tee trinken könnt. Das bedeutet aber, dass ihr in der Zeit, in der ihr abwascht, nicht lebt. Wenn ihr abwascht, muss der Abwasch das Wichtigste in eurem Leben sein. Und wenn ihr Tee trinkt, dann muss das Teetrinken das Wichtigste auf der Welt sein.«

Zur Qual werden Tätigkeiten oft dadurch, dass wir sie nur als Hindernis auf dem Weg zu etwas anderem sehen. Aber wenn wir dieses andere erreicht haben, denken wir wieder nur ans nächste. Während des Frühstücks denken wir daran, ob die Bahn pünktlich sein wird, in der Bahn denken wir an die erste Aufgabe im Büro, bei dieser denken wir an die Mittagspause … nach Feierabend denken wir an den nächsten Morgen. Der Verhaltenstherapeut Andreas Knuf schreibt dazu: »Stress bedeutet, dass wir an einem anderen Ort sein möchten, als da, wo wir uns gerade befinden.« Die Unkalkulierbarkeit des Alltags führt oft dazu, dass der zur größeren Herausforderung wird als die Arbeit selbst. Auch die freie Zeit wird bestimmt von To-do-Listen und von Terminkalendern. Das

ZUR QUAL WERDEN TÄTIGKEITEN, WENN WIR SIE ALS HINDERNIS SEHEN

liegt nur zum kleineren Teil daran, dass die Welt unübersichtlicher wird und die Wahlmöglichkeiten ständig zunehmen. An guten Tagen genießen wir die äußeren Freiheiten, weil wir uns innerlich freigeben können. Aber »wenn es in unserem Kopf ›laut‹ wird, dann bekommen wir das zu spüren. Wir machen uns ständig Gedanken darüber, was wir alles noch erledigen müssen. Haben wir einiges davon abgearbeitet, fallen uns die nächsten Dinge ein, die keinen Aufschub dulden. Vordergründig glauben wir oft, wir seien gestresst, weil wir so viel zu erledigen haben. Wenn wir genauer hinschauen, stellen wir aber fest, dass wir eigentlich unter einem zu aktiven Geist leiden, dem ständig etwas Neues einfällt, was es angeblich noch zu tun gilt. Wir fühlen uns getrieben, hektisch, unruhig und schaffen es nicht, für Ruhepausen zu sorgen. Wir werden fahrig, fangen Dinge an, die wir gleich schon wieder liegen lassen, und beginnen mit dem nächsten. Unsere Alltagshandlungen laufen vollkommen automatisiert ab, wir wirken dabei wie abwesend«, schreibt Andreas Knuf in seinem Buch *Ruhe da oben!,* in dem er »Wege zu einem gelassenen Geist« beschreibt.

Aber zurück zur Hausarbeit. Bernard Glassman gibt der Hausarbeit eine zentrale Bedeutung. Er schließt an einen Klassiker des Zen-Buddhismus an und nennt sein inzwischen berühmtes Buch *Anweisungen für den Koch.* »Wenn wir etwas Neues anfangen – ob wir nun ein Unternehmen oder eine neue Beziehung aufbauen oder unser ganzes Leben neu gestalten wollen –, sind wir gewöhnlich in Eile. Wir möchten sofort etwas tun – einfach irgendetwas. Dem Zen-Koch ist klar, dass er nicht kochen kann, wenn in der Küche noch das schmutzige Geschirr vom Vorabend herumsteht. Wenn wir feststellen wollen, welche Zutaten wir zur Verfügung haben, müssen wir zunächst Ordnung schaffen.« Aus dieser buddhistischen Sicht beginnt jede Veränderung, jede Arbeit, mit der Reinigung! Ordnung und Reinigung spielen die entscheidende Rolle – also gerade nichts Außergewöhnliches, das wir suchen oder auf das wir warten, sondern ganz konkret die Ordnung im Haushalt und im Büro. »Die Küche zu reinigen bedeutet, den Geist zu reinigen. (…) In unserem Leben ist es genauso. So, wie wir beim Kochen zuerst die Küche aufräumen und reinigen, sollten wir uns auch bemühen, am Anfang eines Tages in unserem Geist Klarheit zu schaffen«, schreibt Glassman.

Das Leben lässt sich also ändern, wenn wir auf die scheinbar kleinen, unwichtigen Aufgaben schauen. Aus der Sicht des Zen gibt es generell nur »kleine Dinge«, aber die haben es in sich. Der Umgang mit ihnen hat Folgen. Brad Warner schreibt dazu: »Die Hauptprobleme, die wir auf der Welt haben, sind nichts anderes als große hässliche Haufen vieler kleinerer, wesentlich banalerer Probleme. Doch letzten Endes nimmt man sich der großen Probleme an, indem man die kleinen angeht. Selbstverständlich müssen wir ein paar der wirklich großen Probleme lösen, bevor sie uns alle töten. Doch selbst hierbei müssen wir das, was getan werden muss, Schritt für Schritt tun und flexibel genug sein, die Taktik zu ändern, wenn die Dinge nicht so laufen, wie geplant.« Vielleicht drehen sich in unserem Kopf die großen Lebensfragen, die ungelösten Probleme unseres Berufes, die überzogene Frage nach dem Sinn des Lebens. Wir leiden zu viel an Problemen am anderen Ende der Welt oder versinken schlimmstenfalls in apathischem Pessimismus – dabei schaffen es viele nicht einmal, in ihrem kleinen Einflussbereich zwischen Küche und Kleiderschrank halbwegs Ordnung zu schaffen oder Frieden mit Partnern, Nachbarn und Kollegen zu stiften. Die Lebenskunst beginnt aber bei uns selbst, direkt vor der eigenen Nase. Alles andere sind Projektionen und Fantasien. »Souverän ist,

WIR ÜBERSEHEN OFT DIE ›KLEINEN DINGE‹, WEIL WIR DIE SOFORT ANGEHEN KÖNNTEN wer im Alltag zurechtkommt«, schreibt Wilhelm Schmid. Wir übersehen oft die »kleinen Dinge«, weil wir die sofort angehen könnten: Lesen Sie dieses Buch jetzt in einer aufgeräumten Wohnung? Sitzen Sie gerade? Ist Ihr Kopf aufgeräumt?

5

LEBEN ALS LEBENSKUNST

Warum wollen wir unser Leben gestalten? Wilhelm Schmid erinnert daran, dass die Antwort darauf seit über 2000 Jahren gültig ist: »Aufgrund der Kürze des Lebens. (...) Was wir dem Tod verdanken, ist (...) die Begrenzung des Lebens. Würde es diese Grenze nicht geben, wäre die Gestaltung des Lebens gleichgültig«, schreibt er in seiner *Philosophie der Lebenskunst.* Auch wenn heute alles unsicher zu sein scheint, wissen wir sicher, dass wir sterben werden. Simone de Beauvoir hat in ihrem aufregenden Roman *Alle Menschen sind sterblich* ausgemalt, wie sinn- und freudlos der Alltag der Unsterblichkeit wäre. Und selbst die populärste Fantasie der Unsterblichkeit – die der Vampire – kommt nicht ohne die Möglichkeit aus, die Existenz im Zwischenreich zu beenden. Auch Graf Dracula und die meisten seiner

Nachfolger sterben am Ende. Oder sie haben zumindest die Möglichkeit, sich selbst zu töten. Wie auch sonst sollte man diese Geschichten erzählen?

Bis ins späte Mittelalter war der Tod nur ein Abschnitt auf einem Zeitstrahl, der in die göttliche Ewigkeit reichte. Die Seele war unsterblich, nur der Körper musste auf den Jüngsten Tag warten. Die Aufklärung hat diese Ewigkeit abgeschnitten und angesichts der unendlichen Weltzeit bleibt nur eine sehr kurze Lebenszeit. Und die gerät unter Zeitdruck. Der Mensch wird in dieser modernen Welt, so Wilhelm Schmid, also zu dem Wesen, das *wählen* muss. Aus der Wahlfreiheit, die geschichtlich lange erkämpft wurde, ist heute eine *Wahlnotwendigkeit* geworden. Wir sind zur Freiheit verurteilt, so die bedrückende These von Jean-Paul Sartre. Schnell gerät man dabei zu dem Urteil, gar keine Wahl zu haben – wir sind schließlich zur Wahl gezwungen. Oft fehlt uns die Kompetenz dazu und sobald wir eine Entscheidung getroffen haben, schließt diese andere aus. So herausfordernde Rahmenbedingungen machen klar, dass das Leben sich nicht einfach von selbst lebt, nur weil wir zufällig da sind. Jeder Versuch, sein Leben zu gestalten, wird heute zu einer Kunstform: zur Lebenskunst. Jedenfalls dann, wenn wir nach einem guten oder schönen Leben streben. Wir laufen täglich durch eine Welt, in der viele Menschen gut, selbstbewusst und erfolgreich aussehen. Zumindest erscheint es uns *bei anderen* so. Ob sich diejenigen selbst auch gut fühlen oder welche Kosten die hübsche Fassade hat, steht auf einem anderen Blatt. Wilhelm Schmid räumt mit einem Irrtum allerdings auf: Das *gute Leben* muss keineswegs ein angenehmes oder erfolgreiches Leben sein. Ein gutes Leben ist daher vor allem ein *gut geführtes* Leben. Sich den Ursprung der Lebenskunst, die Sterblichkeit, ab und zu wieder

WIR SIND ZUR FREIHEIT VERURTEILT

J.-P. SARTRE

ins Gedächtnis zu rufen, empfehlen Zen-Meister. Sie fordern uns auf, unser Leben immer vom Standpunkt des Todes aus zu betrachten. »Wer vom Tod aus über das Leben nachdenkt, wird keinen Fehler machen«, schreibt Kodo Sawaki in *Tag für Tag ein guter Tag.*

6

WIR WOLLEN UNSER LEBEN SELBST BESTIMMEN

Aber genau das ist nicht so einfach, wie gedacht. »Wir sitzen nicht als stille Regisseure im Dunkeln und ziehen die Fäden in unserem inneren Drama«, schreibt der Schweizer Philosoph und Schriftsteller Peter Bieri. Was wir denken, darauf haben wir nicht immer Einfluss, und was wir wollen, wissen wir manchmal nicht. Entweder verdecken Alltagsgewohnheiten unsere Träume oder in schwierigen Lebensphasen verzerrt Stress die Wahrnehmung eigener Gefühle. Wir möchten den Schleudersitz betätigen, wissen aber nicht, wo wir wieder landen wollen. Zwar erkennen wir schnell, was stört und was uns hindert, aber nur langsam, was an dessen Stelle treten soll. Was wir wollen, können wir oft nur mühsam ergründen. Dann sind wir konfrontiert mit einem unerbittlichen Gesetz des Lebens: »Wie sonderbar ist es, dass dem

Menschen nicht allein so manches Unmögliche, sondern auch so manches Mögliche versagt ist«, schreibt Johann Wolfgang Goethe in *Wilhelm Meisters Lehrjahre.* Wir merken nicht, dass wir um eine Säule herumlaufen und laut rufen: Lasst mich hier raus! Um einer solchen Situation zu entgehen, ist das nötig, was uns leider manchmal verloren geht: »Selbstbestimmung verlangt einen Sinn für das Mögliche, also Einbildungskraft, Fantasie«, schreibt Bieri. Kreative sind hier im Vorteil, aber auch in Gefahr. Wer einfallsreich am Bildschirm ist, ist es noch lange nicht im Leben. Einfallsreichtum beschränkt sich leider oft auf kleine Ausschnitte des Lebens. In Interviews und Begegnungen treten die schlichten Eitelkeiten mancher genialer Gestalter zu Tage. »Wir können uns darin irren, was wir glauben. Wir hielten uns für jemanden mit einem liberalen, weltoffenen Denken und einem ausgeprägten Sinn für Gerechtigkeit, und dann, wenn es darauf ankommt, stellen wir erschrocken fest, dass wir chauvinistische Neigungen haben und an unseren Privilegien kleben«, schreibt Bieri. Am Anfang des Weges zu einem schöpferischen Leben steht daher der Wille, über sich selbst nachzudenken, er schreibt weiter: »Sich selbst zu *erkennen,* ist auch eine Form, über sich selbst zu *bestimmen.* Selbsterkenntnis ist eng verwoben mit Selbstbestimmung.« Kreative Menschen nutzten dazu meist ihre Arbeit, die in gewisser Weise frühe Leidenschaften zum Beruf gemacht hat: Man muss, was man in sich findet oder bei sich selbst beobachtet, *ausdrücken* – in guter Gestaltung steckt Herzblut. Bieri schlägt dies als Weg vor: »Wer sich in dem, was er ist, nicht *ausdrückt,* verpasst eine Möglichkeit zu erkennen, wer er ist.« Da dies bei Kreativen im Rahmen der Arbeit geschieht, brauchen wir neben der Lebenskunst also eigentlich auch eine Arbeitskunst.

WER SICH IN DEM, WAS ER IST, NICHT AUSDRÜCKT, VERPASST EINE MÖGLICHKEIT ZU ERKENNEN, WER ER IST

P. BIERI

2

DIE KUNST ZU ARBEI- TEN

1

WOMIT VERDIENST DU DEIN GELD?

Niemand wünscht sich frei von Arbeit, doch jeder wünscht sich, frei und selbstbestimmt in der Arbeit zu sein«, schreibt Oscar Lovell Triggs in seinem Standardwerk zur englischen *Arts & Crafts*-Bewegung. Diese Zeilen von 1903 haben zeitlosen Charakter. Es sind die eigenen Gestaltungsspielräume, die uns kreativ machen, und es ist der Rahmen, der uns Sicherheit gibt. Arbeit ist notwendig, um das Leben zu sichern – aber sobald das Grundeinkommen, das bei Kreativen oft nahe der Armutsgrenze liegt, gedeckt ist, spielen andere Motive die Hauptrolle. In den Vordergrund rückt eine *persönliche Mission,* ein innerer Auftrag. Man könnte die These wagen: Erst wenn Geld nicht mehr die Hauptrolle spielt, wird Kreativität zur Lebensform. In kulturindustriellen Zeiten wird die Fähigkeit zur Konsumdistanz oft zur Voraussetzung für schöpferische Arbeit.

Die Geschichte des Verhältnisses von Geld und Kreativität ist auf den ersten Blick eine Tragödie. Mit Talent kann das Einkommen nur bedingt zu tun haben, sonst wären Wolfgang Amadeus Mozart, Franz Schubert oder Vincent van Gogh nicht als arme Männer beerdigt worden. Für Kunst- und Kulturschaffende bedeutet die radikale Entscheidung für Kreativität anfangs oft den Schritt in die relative Armut. (Das zeigen die Statistiken der Künstlersozialkasse.) Innerlich scheinen Kreative diesbezüglich zerrissen. Einerseits leiden sie oft an ihrer Armut und kämpfen sich mit Nebenjobs durchs Leben. Gegen die fehlende Anerkennung panzern sich viele mit Hochmut, gerade dann, wenn ihnen handwerkliches Talent und Übungseifer fehlen. Andererseits kommen sie auch mit Reichtum selten zurecht: Wenn man die vielen Drogen- und Freitod-Opfer der Kulturgeschichte ernst nimmt, leiden sie eben auch, wenn sie mit Geld und Zuspruch überschüttet werden. Ein Blick auf die künstlerischen Aspekte der Arbeit ist sinnvoll, weil drei Herzen im Designer schlagen: er ist Dienstleister, Handwerker und Künstler – Design ist *angewandte Kunst.* Für die Dienstleistung stehen kommunikative und kaufmännische Fähigkeiten im Vordergrund, das Handwerk erfordert technische Fertigkeiten und Übung. Kreativität findet sich sowohl auf der handwerklichen, aber vor allem auf der künstlerischen Ebene.

Geld hat dann positiven Einfluss, wenn man selten darüber nachdenken muss. Zu viel und zu wenig werden schnell zum existenziellen Problem. Für Kreative stellt sich meist die Frage, wie abhängig ihr Schaffen von finanzieller Anerkennung wird. Viele wollen gar nicht nur durch ihre künstlerische Arbeit den Lebensunterhalt sichern – weil sie wissen, dass Geldsorgen zur »Prostitution« zwingen. Es ist ein großer Unterschied, ein Bild zu malen, einen Text zu schreiben oder eine Fotoserie zu schießen, weil man eigene Vorstellungen umsetzen will oder weil davon die Miete des laufenden Monats gezahlt werden muss. Die bedeutenden Kunstwerke wurden ohne Rücksicht auf Mode, Publikumsgeschmack oder Markttauglichkeit geschaffen. Deshalb arbeiten viele, durchaus berühmte Schriftsteller weiterhin in einem bürgerlichen Beruf. W.G. Sebald unterrichtete an einer Universität, Walter Kempowski blieb Grundschullehrer und Norbert Scheuer arbeitete als Programmierer. Viele berühmte Autorenfilmer, von David Lynch bis Wim Wenders, verdienen Geld mit dem Drehen von Werbeclips. Es ist nicht sinnvoll, alle kreativen Leidenschaften an den Zwang zum Gelderwerb zu fesseln. Einerseits, um unabhängig von den Launen der Auftraggeber und der Kritiker zu bleiben, andererseits, um weiterhin Erfahrungen in der real existierenden Welt zu sammeln – und nicht nur am eigenen Schreibtisch oder in Galerien. Erfahrungsmangel merkt man Kreativleistungen schnell an. Büro und Schreibtisch regelmäßig zu verlassen kann zeitweise *inspirierend* sein, wie das Unterrichten an Akademien und Hochschulen; *ausgleichend und erdend* wie in der sozialen oder pflegerischen Arbeit, Jobs in der Gastronomie oder als Fahrradkurier. Im schlechten Fall sind Brotjobs nur *aufreibend* – oder sie werden notorisch so gesehen. Das berühmteste Beispiel dafür ist Franz Kafka, der als Jurist in einer Unfallversicherung arbeitete, etwa im Rahmen einer halben Stelle. Aber selbst das ist für ihn zu viel, er klagt in seinem Tagebuch über die Arbeit. Dennoch ist es für Kreative sinnvoll, wenn es noch andere Erlebniswelten gibt als das eigene Atelier. Und auch auf anderen, vordergründig nicht-kreativen Arbeitsfeldern lässt sich Schöpferkraft und Kompetenz einbringen. Heute sind selbst Kafkas Behördentexte, in denen er raffiniert Arbeitsunfälle beschrieb, verlegt und lesenswert. Joseph Beuys empfahl seinen Studenten, unbedingt Erfahrungen in nicht-künstlerischen Berufen zu sammeln. Seine Idee der Gesellschaft als sozialer Plastik, an der wir alle kreativ-künstlerisch – und nicht destruktiv! – mitarbeiten sollten, löst den Unterschied zwischen Kunst, Design und Arbeitswelt einfach auf. Für Beuys war derjenige ein Künstler, der schöpferisch arbeitet, und nicht unbedingt der,

der eine Leinwand bemalt. Im Zentrum der Kunst stand für ihn der Mensch und seine Gestaltungskraft. Diese radikale Ausdehnung des Kunstbegriffes kann die Sicht auf »Nebenjobs« heilsam verändern. Der erweiterte Kunstbegriff kennt keine Nebentätigkeiten, sondern nur kreatives und unkreatives Handeln: egal ob in der Krankenpflege, im Handwerk, im Büro oder Atelier.

> DIESE RADIKALE AUSDEHNUNG DES KUNST-BEGRIFFES KANN DIE SICHT AUF ›NEBENJOBS‹ HEILSAM VERÄNDERN

Dennoch: Für Kreative ist das Thema Geld oft Anlass zur Klage. Zur Deckung materieller und seelischer Grundbedürfnisse ist Geld einfach notwendig. Da sie Herzblut investieren und ihre Leidenschaft zum Beruf machen, verfallen sie oft einer idealisierten Sichtweise: Sie glauben, Qualität setze sich von allein und zeitnah durch. Das ist zwar nicht ganz falsch, macht jedoch blind für eine furchtbare gesellschaftliche Realität: Kreative sehen oft nicht, dass die *Karriereentwicklung* nicht parallel zur *Kompetenzentwicklung* stattfindet. Sie verbessern ihre Kompetenzen, aber verlieren die Vermarktung aus den Augen. Doch auch für jene, die mit Geldfragen nichts zu tun haben wollen, hat das Fehlen von Geld Folgen. Wenn der finanzielle Erfolg nämlich gänzlich ausbleibt, dann färbt das ab auf das Selbstbild. Eine gute Illustration umzusetzen und sie zu verkaufen, erfordert aber völlig verschiedene Kompetenzen. Es ist sympathisch und verständlich, dass Kreative das Augenmerk auf »das Werk« legen. Ein Minimum an Geschäftstüchtigkeit schadet jedoch der Kreativität nicht, sondern sorgt dafür, dass die Welt gute Gestaltung überhaupt zu Gesicht bekommt.

Leider denken immer noch zu viele Menschen, nur das Erfolgreiche sei gut. Nur wer Karriere macht, sei kreativ. Diese

Einstellung hat mit Prestige zu tun, aber weder mit Können noch mit Kreativität. Wenn die eigene Schöpferkraft plötzlich materielle Erfolge bringt, ist das erfreulich (und in den Extremen auch bedrohlich). Wenn nicht, kann das zwar ein Hinweis sein, vielleicht hat es aber auch gar nichts zu bedeuten. Viele Künstler waren weder zu Lebzeiten noch Jahrzehnte nach ihrem Tod berühmt – und sind heute Klassiker. Bei den berühmten Künstlern sehen wir oft nur den Endpunkt und keineswegs den langen, steinigen Weg bis zum Erfolg. Kreative brauchen daher eine seltene Tugend: *Durchhaltevermögen.* Man sollte sich eingestehen, dass Geldverdienen nur *eine* Form der Anerkennung ist, die natürlich weitere Freiheiten mit sich bringt. Armut ist noch kein Beweis für Können. Sich verkannt fühlen und verkannt werden sind Zweierlei. Nur darf man in diesem Spiel nicht zu abhängig vom Geld werden oder maßlos, wenn einmal davon mehr auf dem Konto liegt. Markterfolge können so schnell vergehen wie sie eintreten. Sie können sogar eintreten, obwohl der kreative Wert gering ist! Viele Kreativleistungen werden kurz gefeiert, weil wieder einmal ein Trend gesucht wird – aber von manchen dieser Gestalter hört man niemals wieder etwas.

Ähnlich wie Hausarbeit ist Geld leider eine Tabuzone, darüber reden Kreative nicht. Es sei denn, der erlangte Wohlstand dient dem Prestige. Kreative haben oft schöne Wohnungen, stilvolle Kleidung, Ateliers und sie reisen zu Konferenzen und Ausstellungen – oder sie können sich das eben nicht leisten. Diesen profanen Phänomenen die Bedeutung abzusprechen wäre Schwindel. Die Studienjahre sind unterfinanziert noch durchzuhalten, aber das ganze Leben wollen wohl nur ganz wenige so verbringen. Wer Familie haben möchte, steht plötzlich vor zahlreichen finanziellen Problemen. Es gehört Mut dazu, sich eigene Bedürfnisse klar zu machen und zu Ansprüchen zu stehen, auch wenn sie nicht den Extrem-Polen des armen Poeten oder eines

Dichterfürsten zuzuordnen sind. Für die meisten liegt das gute Leben irgendwo dazwischen. Viele Kreative führen ein völlig normales Alltags- und Arbeitsleben, auch wenn die Medien lieber die Exzentriker zeigen. Johann Sebastian Bach, Johann Wolfgang von Goethe, Immanuel Kant, Joan Miró oder Thomas Mann waren sesshaft und auf ihren Arbeitsalltag bezogen völlig unspektakuläre Schöpfer. Sie standen morgens auf und folgten einem von der Arbeit bestimmten, regelmäßigen Tagesablauf. »Die Hauptsache ist, dass ich irgendwo zur Ruhe komme, auspacke, mich installiere und gleichmäßige Arbeitstage habe, eine förderliche Lebensordnung«, schreibt Thomas Mann in sein Tagebuch. »Not macht erfinderisch«, dieser Satz birgt zwar eine Wahrheit, aber er bezieht sich auf Lebensphasen und hoffentlich nicht auf die ganze Lebenszeit – und er bezieht sich nicht nur auf Geld.

ARBEIT IST SCHWER, IST OFT GENUG EIN FREUDLOSES UND MÜHSELIGES STOCHERN; ABER NICHT ARBEITEN – DAS IST DIE HÖLLE

TH. MANN

Das Verhältnis der Kreativen zum Geld ist keine Tragödie. In den reichen Gesellschaften des Westens leidet kein Designer mehr an Hunger. Es gibt Armut, aber die ist relativ. Kreativ sein ist (noch) eine Sache eigener materieller Ansprüche. Wer viel nebenher arbeiten muss, sollte einen Job finden, mit dem er leben kann. »Arbeit ist schwer, ist oft genug ein freudloses und mühseliges Stochern; aber nicht arbeiten – das ist die Hölle«, schrieb Thomas Mann. Der Grund, warum wir kreativ arbeiten oder überhaupt kreativ sind, hat mit Bezahlung wenig zu tun. Und, noch tiefer gedacht, auch nichts mehr mit rational nachvollziehbaren Gründen. Nach einigen Monaten in einem strengen Trappistenkloster erkennt das Henri Nouwen, Psychologieprofessor und katholischer Schriftsteller, der sich bis ans Lebensende mutig immer wieder neuen Herausforderungen gestellt hat. Er schreibt in seinem Klostertagebuch *Ich hörte auf die Stille* eine kleine Kreativitätstheorie:

»Wenn ich drei Apfelsinen sehe, muss ich jonglieren. Und wenn ich zwei Türme sehe, muss ich gehen.« Diese beachtlichen Worte stammen von dem Seiltänzer Philippe Petit; sie sind die Antwort auf die Frage der Polizei, aus welchem Grund er morgens um 7:50 Uhr über das Seil gegangen sei, das mit einer Armbrust von einem Turm des New York World Trade Center zum anderen geschossen worden war. Als Philippe die beiden Türme von Notre-Dame in Paris gesehen hatte, hatte er das Gleiche getan. »L'art pour l'art«, lautet die Philosophie dieses Drahtseilartisten. Heute habe ich immer wieder über diesen prächtigen Mann, Philippe Petit, nachgedacht: Seine Antwort an die Polizei ist unbezahlbar und verdient eine längere Betrachtung. Auf jede noch so unmögliche Frage wollen wir eine Antwort haben. Warum liebst du sie? Im Allgemeinen ist jede Antwort auf eine solche Frage lächerlich. Weil sie so hübsch ist? Weil sie intelligent ist? Weil sie einen so lustigen Pickel auf der Nase hat? Nichts davon ist besonders sinnvoll. Warum sind Sie Priester geworden? Weil Sie Gott lieben? Weil Sie gern predigen? Weil Sie Frauen nicht leiden können? Warum sind Sie Mönch geworden? Weil Sie gern beten? Weil Sie die Stille lieben? Weil Sie gern Brot backen, ohne dabei gestört zu werden? Es gibt einfach keine Antworten auf Fragen dieser Art. (…) Es gibt ein inneres »Müssen«, ein inneres Gedrängtwerden oder einen inneren Ruf, der alle diese Fragen beantwortet, die man nicht erklären kann. Man bekommt niemals eine befriedigende Antwort, wenn man einen Mönch fragt, warum er Mönch geworden sei. Genauso wenig geben uns Kinder eine Erklärung, wenn wir sie fragen: »Warum spielt ihr mit dem Ball?« Sie wissen, dass es darauf keine Antwort gibt, außer: »Wenn ich einen Ball sehe, muss ich damit spielen.«

Auch Joseph Beuys folgte dieser Spur. Als Kämpfer für mehr Freiräume für Kreative und Kreativität stellte er die Frage, was uns überhaupt noch motiviert, wenn die Freiheit erreicht ist. Und er ließ dabei weder Geld noch Sachzwänge gelten, sondern einzig die »Liebe zur Sache«. Sie ist der Urgrund kreativen Schaffens.

2

DU SOLLST ARBEITEN!

Die profane Erwerbsarbeit kommt in der Philosophie der Lebenskunst und auch in den meisten religiösen Gebotskatalogen nicht explizit vor. Und dennoch prägen diese philosophischen und christlichen Traditionen bis heute den westlichen Arbeitsalltag. Nur in der antiken Kirche galten bestimmte Berufe mit dem Christentum – die Religion der Selbst- und Nächstenliebe! – als unvereinbar. In der Moderne scheint die Arbeit das tiefsinnigere Leben nur noch zu stören; das edle Denken, die Kultur und die Religion kommen nach Dienstschluss. Das führt dazu, dass sich in der westlichen Welt heute auch Menschen für christlich halten dürfen, die für die Rüstungsindustrie arbeiten oder in Fabriken, die mit dem industriellen Töten von Tieren beschäftigt sind. Die Kirchen machen sich einer einseitigen Lesart des Gebotes »Du sollst nicht töten« schuldig, weil sie stillschweigend hinzufügen: es sei denn, auf der Arbeit. Nichtarbeiten gilt gerade im protestantischen Denken als moralische Verfehlung. Luther und Calvin bewerten die Arbeit als eine Art Gottesdienst. Von dieser Ideologie sind wir heute noch betroffen: Die Leistungsgesellschaft hat eine Unfähigkeit zur Muße hervorgebracht. Schon Immanuel Kant definierte Faulheit als »den Hang zur Ruhe ohne vorhergehende Arbeit«. Heute fühlen sich viele allerdings auch faul, wenn sie dem Hang zur Ruhe nach getaner Arbeit folgen. Ganz abgesehen davon, dass mit »Ruhe« weder das Dahindämmern vor einem Fernsehschirm noch das Verausgaben beim Zumba gemeint war.

Mit gutem Gewissen können leistungsorientierte Menschen heute kaum noch faulenzen. Auch wenn der Kontoauszug ein Plus zeigt, gibt das Über-Ich keine Ruhe. Untätigkeit führt schnell zu Schuldgefühlen. Dabei sollte für die Gewissensfrage nicht entscheidend sein, ob man arbeitet oder nicht, sondern: *an was* und *für wen* man arbeitet. Joseph Beuys erwiderte auf den Vorwurf, er arbeite auch für die Werbung: »Ich habe mein ganzes Leben lang geworben, aber man sollte sich mal dafür interessieren, wofür ich geworben habe.« Für guten Whisky oder für Amnesty International? Für einen Rüstungskonzern oder die Kunst? Ehrenamtlich oder für Freunde? Das scheint einer kapitalismusfreundlichen christlichen Ethik zu oft gleichgültig gewesen zu sein: Hauptsache Arbeit. Viele Menschen sind nur Feierabendchristen, werktags wird sich hingegen an den Werten des Zeitgeistes orientiert. Joseph Beuys prägte den provozierenden Satz: »Das Christentum hat den Materialismus gemacht!« Auch christliche Philosophen wie Sören Kierkegaard oder Schriftsteller wie Lew Tolstoi haben gegen eine christlich frömmelnde Doppelmoral rebelliert. Sie fanden, man könne sich nicht einfach Christ nennen, nur weil man den Gottesdienst besuche oder ein Bekenntnis nachspräche. Christlichen Werten wirklich folgen zu können, natürlich auch in Bezug auf die Arbeit, das sei eher ein Fernziel und bedürfe eines starken Willens und kontinuierlicher Übung.

In den Klöstern bekommt die Arbeit einen größeren und vor allem inhaltlichen Stellenwert. Arbeit wird Bestandteil eines ganzheitlichen Lebenskonzeptes. Dass diese Idee der Amtskirche und der Politik gar nicht gefiel, zeigt die Tatsache, dass spirituelle und ethisch verantwortbare Arbeit meist hinter Klostermauern eingeschlossen blieb. Vielleicht besteht Hoffnung, dass sich die Kirche an das Potenzial der klösterlichen Sicht auf die Arbeit wieder erinnert. Und wenn Arbeit zur Arbeitskunst werden soll – also förderlich für Kreativität – dann ist es überfällig, Arbeit nicht mehr nur isoliert, sondern als Teil des wachen Lebens zu sehen.

Arbeit wird leider oft als Leidenszeit gesehen, als Entfremdung. Insgesamt sind mit dem Begriff noch immer und vor allem negative Assoziationen verbunden. Dies führt zu der Einteilung der Lebenszeit in Arbeitszeit und Freizeit, in Arbeitstage und Urlaub, in Werk- und Feiertage. Dies mag bei stumpfer Schufterei oder unter ausbeuterischen Arbeitsbedingungen auch passen. Aber es trifft nicht zu auf die kreative Arbeit, mit der wir positiv gestaltend in die Welt eingreifen. Wer auf der Arbeit fremdbestimmt und freudlos agieren muss, der lebt seine Kreativität woanders aus. Aber diese Freizeitorientierung hat auch etwas Tragisches. Der Philosoph Theodor W. Adorno schrieb: »Ich habe kein Hobby«, weil er das, was er in seiner Freizeit mache, als »integrales Moment« seines Lebens verstand. Die im Menschen tief verankerte Kreativität scheint schwer zu unterdrücken. In die Gestaltung der eigenen vier Wände, den eigenen Garten, in sportliche oder kunsthandwerkliche Aktivitäten, in Musik oder die große Welt der Vereine fließt unendlich viel Energie und Schöpferkraft – ehrenamtlich in den wenigen Stunden jenseits der Arbeit, an Wochenenden und nachts. In der Leistungsgesellschaft wird man dazu aufgefordert, sich in seiner Freizeit aktiv zu betätigen, natürlich vor allem, um sich gut zu erholen für die Herausforderungen der Arbeitswelt. Da wir zu viel sitzen, wird der Sport wichtiger, um nicht krank zu werden. In den letzten Jahren wurden dazu eigens Kurse und Bücher mit dem Thema »Work-Life-Balance« angeboten, weil durch die neuen Medien die Arbeit immer mehr in die Freizeit eingedrungen ist. Die Wirtschaftsverbände machen sich also Sorgen um die Leistungsfähigkeit ihrer Mitarbeiter, die immer schlechter abschalten können und zu schnell ausbrennen. Dieses Modell suggeriert aber, dass Arbeit und Leben zwei Waagschalen seien, die ausbalanciert werden müssten. Auf der einen Seite drückt der Zwang, auf der anderen herrscht Freiheit. Dies trifft aber für Kreativität, die zur Lebensform wird, nicht zu. »Freiheit statt Freizeit!« ist ein Ausspruch von Joseph Beuys, der das Problem klar gesehen hat. Wer nur in seiner Freizeit frei ist, ist in seiner Arbeit ein Gefangener. Wenn Arbeit nicht als Bestandteil des Lebens gesehen wird, ist Kreativität in Gefahr. Für Kreative ist die Arbeit der Ort der wohldosierten Freiheit und der Verwirklichung eigener Ideen und sie ist das Leben, sie ist Lebensform.

WORK-LIFE-BALANCE SUGGERIERT, DASS ARBEIT UND LEBEN ZWEI WAAGSCHALEN SEIEN, DIE AUS-BALANCIERT WERDEN MÜSSTEN

3

ARBEIT AUS UMFASSENDER SICHT

Das »vorwissenschaftliche« Nachdenken über das Thema Arbeiten enthält tiefe Einsichten. Der Unterschied zur modernen Forschung, die oft nur noch an der Optimierung interessiert ist, ist die *umfassende* Sicht der alten Weisheiten. Handelt es sich um eine religiöse Perspektive, kommt etwas sehr Gewinnbringendes hinzu: die entlastende Idee der Demut. Der einzelne Mensch ist nicht so wichtig, wie er sich heute meist nimmt. Von der berühmten buddhistischen Ordensgründerin Ayya Khema stammt der Satz: »Ohne mich wäre das Leben ganz einfach.« Viele verbinden mit dem Begriff *Demut* etwas Negatives, er klingt ihnen nach Untertanengeist, nach buckeln oder gar Feigheit. Dies ist allerdings nicht gemeint. Vereinfacht könnte man sagen, dass demütige Menschen wissen, dass sie selbst keine Götter sind. Wir sind abhängig von anderen, für den Erfolg brauchen wir immer auch Glück und das liegt nicht nur in

OHNE MICH WÄRE DAS LEBEN GANZ EINFACH

A. KHEMA

unseren Händen. Auf den »Lauf der Dinge«, im Großen betrachtet, haben wir weniger Einfluss, als wir meinen. Diese Überschätzung der eigenen Einflussmöglichkeiten führt schnell in die Frustration und am Ende leiden wir an »erlernter Hilfslosigkeit« – wir hören auf, unser Leben zu gestalten oder bewusst zu entscheiden. Nicht, weil wir nicht gestalten könnten, sondern weil wir falsche Erwartungen bezüglich der Erfolge haben. Pater Anselm Grün empfiehlt denen, die auf einem spirituellen Weg sind, sich zu verabschieden …

- *von der Illusion, dass ich durch eine gesunde Spiritualität meine Gesundheit und meine Ausgeglichenheit garantieren könnte.*
- *von der Illusion, dass ich mich selbst gut machen könnte, dass ich meine Fehler und Schwächen für immer überwinden könnte.*
- *von der Illusion, dass ich immer gelassen und im Einklang mit mir sein könnte.*
- *von der Illusion, dass ich meinem Idealbild entsprechen könnte.*
- *von der Illusion, dass ich es selbst in der Hand hätte, mein Leben zu planen und es sicher durch die Wogen dieser Zeit zu bringen.*

Auch die gesündeste Lebensweise garantiert kein langes, sorgenfreies Leben. In welcher Stimmung wir morgen früh wach werden, wissen wir nicht. Obwohl wir Einfluss darauf haben, spielen viele andere Aspekte mit hinein. Relativ schnell beschleicht uns ein Gefühl der Demut, wenn wir in einer massiven Berglandschaft, in der Wüste oder am Meer stehen: Wir sind als Einzelne doch kleine, zerbrechliche Wesen. Schon das einfache Schwimmen im Atlantik bei etwas stärkerem Wellengang erzeugt das Gefühl der Ohnmacht, die Bewegungen des Meeres machen mit uns, was sie wollen. Gute Schwimmer können sich zwar tragen lassen, aber wenn eine Strömung sie erfasst oder eine Welle sie gegen eine felsige Klippe wirft, war das ihr letzter Ausflug. Auch bei der Geburt eines Kindes oder wenn Menschen erkranken und sterben, zeigen sich unsere Grenzen. Vielleicht hat also die Idee der Demut etwas sehr Entlastendes: sie will uns nicht kleiner machen, als wir sind, aber eben auch nicht größer. Wir sehen uns heute gern als Helden und »Macher«. Ob wir aber die Krone der Schöpfung oder das Maß aller Dinge sind, daran lässt sich zweifeln! Es darf auch etwas weniger sein; im Hinblick auf die Gestaltung unseres Lebens ist weniger nämlich mehr. Wie erscheint die Kunst und die Gunst zu arbeiten aus dieser demütigen Perspektive?

VIELLEICHT HAT ALSO DIE IDEE DER DEMUT ETWAS SEHR ENTLASTENDES

Die berühmteste Arbeitsregel der christlichen Welt ist die des Benediktiner-Ordens: »Bete und arbeite und lies, Gott ist da ohne Verzug«. Das klingt ganz unspektakulär, kam aber einer Revolution gleich. Der christliche Orden wurde im 6. Jahrhundert gegründet und bis heute enthält seine Arbeitsphilosophie heilsame Impulse. Wie fern diese dem hektischen, profitorientierten Zeitgeist steht, zeigt schon auf den ersten Blick der kluge Zusammenhang von Sammlung (Gebet), Arbeit und Wissenserwerb. Dieses Dreieck hat wesentlich mehr mit Kreativität zu tun als die kapitalistische Trias von Ausbeutung, Konkurrenz und Vermarktung.

Wer *richtig* arbeiten will, muss mit seinen Energiereserven klug umgehen. Die Benediktiner unterscheiden zwei Quellen, aus denen wir unsere Kraft schöpfen. Es gibt *klare Quellen,* aus denen wir schöpfen können: dann ermüdet die Arbeit zwar, aber davon kann man sich in Pausen einfach erholen. Wer müde gearbeitet ist, der kann das sogar als gewisse Genugtuung erleben: die eigene Tüchtigkeit zu spüren, motiviert uns. Für die christlichen Mönche ist diese Quelle der Heilige Geist, aus dem heraus gearbeitet werden soll. Aber ihre Hinweise gelten auch darüber hinaus: Wer aus einem übergeordneten Sinn heraus arbeitet, also für Ziele, die jenseits von bloßem Geldverdienen liegen, ist nachweislich motivierter und seltener krank. Wir arbeiten gern und mit weniger Erschöpfung, wenn wir *sinnvoll* finden, was wir tun. Diese Arbeitsform scheint allerdings in einer Krise zu stecken. Obwohl wir von der reinen Stundenzahl weniger arbeiten als in allen Jahrhunderten vor uns, nehmen ernste Burnout-Erkrankungen rapide zu. Das könnte einfach daran liegen, dass die Arbeit uns heute nicht nur ermüdet, sondern dass sie uns völlig erschöpft. Wer nämlich seine Energie aus *trüben Quellen* bezieht – Ehrgeiz, Konkurrenz oder Perfektionismus – der ist nicht nur müde, er leidet bald an Erschöpfung. Für die Benediktiner-Mönche Fidelis Ruppert und Anselm Grün hat das weitreichende Folgen. Wer aus solchen unheilsamen Lebensmustern heraus arbeitet, »verbreitet mit der Arbeit eine Atmosphäre von Aggressivität und Unzufriedenheit, von Härte und Bitterkeit«. Gesellschaftlich kann man wohl zurzeit genau dieser ansteckenden Krankheit folgen; trotz des hohen Stellenwertes der Arbeit, trotz zunehmender Freiheiten, ist die Atmosphäre in vielen Branchen vergiftet.

WIR ARBEITEN GERN UND MIT WENIGER ERSCHÖPFUNG, WENN WIR SINNVOLL FINDEN, WAS WIR TUN

Arbeit ist für die Mönche viel mehr als Broterwerb. Sie ist neben Gebet, Stille und Verzicht beides zugleich: äußere Arbeit für andere und »Seelenarbeit, Arbeit am inneren Menschen«, schreiben Ruppert und Grün. Es ist für uns ungewohnt, Arbeit so umfassend als *Dienst* und *Bildungsprozess* zu sehen. Aber, wenn wir ehrlich sind, färbt unser Beruf lebenslang auf uns ab und er bringt uns in Kontakt mit der Welt. Wer sein Leben mit Sozialarbeitern, Ingenieuren, Juristen oder eben Designern verbringt – der wird von diesen Mentalitäten geprägt. Es wäre widersprüchlich, wenn das anders wäre, weil wir einen Großteil unseres Lebens und Denkens mit der Arbeit, Auftraggebern und Kollegen verbringen. Für kreative Menschen, egal in welchem Bereich, ist Arbeit eine Lebensform. *Wie* man also arbeitet, aus welchem Geist heraus, ist Kern der Lebensgestaltung.

Aus der klösterlichen Perspektive lässt sich ein kritischer Blick auf die krankhafte Erschöpfung, das Burnout, werfen. »Es ist oft gar nicht einfach festzustellen, ob es sich bei einer Überlast an Arbeit um eine wirklich notwendige und unausweichliche Arbeit handelt, oder ob diese Arbeit ein willkommenes Alibi bildet«, schreiben die beiden Mönche. Wenn sich unser Antrieb aus trüben Quellen speist, dann sorgt allein die mangelnde Qualität des Treibstoffes für Überlastung. Auch ein gut trainierter Läufer kann einen Marathon nur bewältigen, wenn er Verpflegung angeboten bekommt; ohne die wird er bald zusammenbrechen. Hier scheinen sich die Religionen einig zu sein. Henri Nouwen beschreibt in seinem Klostertagebuch fasziniert von der Lektüre eines Bestsellers der Zen-Literatur. Er nahm sich einen ganzen Stapel Bücher mit in die Zelle, weil er Angst vor der Ruhe und Einsamkeit hatte. Er kämpft sich mit der einfachen Arbeit in der Klosterbäckerei ab und lernt im realen Sinne, was es bedeutet, sein Brot im Schweiße seines Angesichts zu erarbeiten. Ein Licht geht ihm auf, als er das Buch *Zen oder die Kunst ein Motorrad zu warten* liest. Robert Pirsig beschreibt darin zwei verschiedene Arten einen Berg zu erklimmen – das *ichbezogene* und das *ichfreie* Bergsteigen:

Obwohl grundverschieden, setzen beide Bergsteiger einen Fuß vor den anderen. Beide atmen (...) ein und aus. Beide machen Rast, wenn sie müde sind. Beide gehen weiter, wenn sie sich ausge-

ruht haben. Aber welch ein Unterschied! Der ichbezogene Bergsteiger ist wie ein falsch eingestelltes Gerät. Er setzt seinen Fuß einen Augenblick zu früh oder zu spät auf. Er übersieht wahrscheinlich, wie schön das Sonnenlicht in den Bäumen spielt. Er geht immer noch weiter, wenn die Unsicherheit seiner Schritte schon anzeigt, dass er müde ist. Er macht zu wahllosen Zeiten Rast. Er schaut den Weg hinauf, um zu sehen, was ihn erwartet, auch wenn er es schon weiß, weil er eine Sekunde zuvor schon einmal hinaufgeschaut hat. Er geht zu schnell oder zu langsam für die herrschenden Bedingungen, und wenn er redet, spricht er unweigerlich von anderswo, von etwas anderem. Er ist hier und ist doch nicht hier. Er lehnt sich auf gegen das Hier, ist unzufrieden damit, möchte schon weiter oben sein, doch wenn er dann oben ist, ist er genauso unzufrieden, weil eben jetzt der Gipfel »Hier« ist. Worauf er aus ist, was er haben will, umgibt ihn auf allen Seiten, aber das will er nicht, weil es ihn auf allen Seiten umgibt. Jeder Schritt ist eine Anstrengung, körperlich wie geistig-seelisch, weil er sich sein Ziel als äußerlich und weit weg vorstellt.

ES KOMMT ALSO NICHT DARAUF AN, WAS WIR ZU BEWÄLTIGEN HABEN, SONDERN MIT WELCHER HALTUNG WIR DIE ARBEIT ABSOLVIEREN

Es kommt also nicht darauf an, *was* wir zu bewältigen haben, sondern mit welcher *Haltung* wir die Arbeit absolvieren. Viele Menschen kennen das vom Weg ins Büro: Einmal ist er ein Genuss, wir gehen oder fahren ruhig, genießen die Sonne und sind guter Laune. An einem anderen Tag ist genau die gleiche Strecke nur ein zeitraubender Hindernislauf gegen die Uhr. Die Wahrnehmung des Weges hängt nur zum kleineren Teil an äußeren Bedingungen: auch ein Regentag mit verspätet eintreffender, überfüllter Bahn kann positiv erlebt werden, und selbst die Sonne hilft nicht immer gegen trübe Gedanken. Eine finstere Wahrnehmung raubt uns viel

Energie, dabei könnte der gleiche Weg sogar entspannend wirken. Eine falsche Haltung gegenüber der Arbeit zehrt uns zusätzlich aus und kann in Burnout-Zuständen münden. In der ersten Phase dieser Erkrankung steht oft der Erfolg, alles scheint zu gelingen und läuft wie von selbst. Es beginnt, davon motiviert, ein rauschhaftes Arbeiten, das blind macht für alles andere. Solche »Flow-Zustände«, so glücklich sie kurzzeitig auch machen, enthalten eine riskante Seite. Wenn wir heute sagen, wir gehen in unserer Arbeit völlig auf, dann wird das oft gleichgesetzt mit einem insgesamt geglückten Arbeitsleben. Kann es überhaupt noch besser werden? Es ist zwar überraschend, dass die Benediktiner genau dort eine Gefahr sehen, aber ihre Einsicht beruht auf Erfahrung: »Jede Arbeit hat die Tendenz, den Arbeitenden ganz in Beschlag zu nehmen«, schreiben die beiden Mönche; aber das bedeutet eben oft, dass durch die Überidentifikation der Selbstwert völlig von dieser Arbeit abhängig wird. In vielen Agenturen herrscht ein großer Druck, nicht als Erster zu gehen. Wer früher geht, gilt als »Loser«. Wer sich nicht traut, einmal pünktlich Schluss zu machen, nimmt es denen übel, die es einfach tun. Solche Projektionen sind die primitivsten Abwehrmechanismen, aber sie sind leider sehr verbreitet. »Der Arbeitssüchtige arbeitet zwar viel, aber es kommt nichts dabei heraus. Er braucht die Arbeit, um sich zu bestätigen. Er muss immer etwas zu tun haben. Aber er hat keine Zeit für kreative Augenblicke. Bei ihm fließt die Arbeit nicht. Vielmehr versteckt sich der Süchtige hinter seiner Arbeit. Die benediktinische Devise befreit uns von dem Zwang, uns in unserer Arbeit beweisen oder uns hinter unserer Arbeit verstecken zu müssen«, schreiben Grün und Ruppert. Wer für umfassendere Ziele arbeitet, der muss *Distanz* zur Arbeit halten und gerade nicht in ihr verschwinden. Dieser gesunde Abstand schafft innere Freiheit, die sowohl für die Motivation, aber auch für die Kreativität förderlich ist. Joseph Beuys konnte vor so einem Hintergrund provozierend formulieren: »Ich ernähre mich durch Kraftverschwendung.«

Auch der Buddhismus kennt ethische Regeln, die in direktem Bezug zur Arbeit stehen. Der *Edle Achtfache Pfad,* der zum Erwachen führen soll, betont die »ganzheitliche Lebensführung« oder den »rechten Lebenserhalt« *(samyak-ajiva).* Dabei geht es laut Michael von Brück vor allem darum, dass der Lebensunterhalt auf eine Weise verdient werden soll, die sich mit den beiden zentralen buddhistischen Werten *Achtsamkeit* und *Mitgefühl* verträgt. Während im christlichen Westen die Arbeit vor allem in Bezug zur Ökonomie gesehen wird, verbindet die buddhistische Wirtschaftslehre sie mit der Ethik. »Der Sinn der Arbeit bzw. des Lebenserhaltes besteht darin, das Leben zu erhalten – mein Leben, das Leben der meinigen, das Leben der anderen, das Leben aller. Buddhistische Arbeit ist Lebensbewahrung, Lebensschutz, Lebensfürsorge«, wie Franz-Johannes Litsch schreibt. Dieses Denken geht von einem Weltbild aus, in dem alles mit allem zusammenhängt. Dies ist einfach nachzuvollziehen: Sie können dieses Buch nicht nur lesen, weil ein Autor es geschrieben hat. Freunde und Familie haben ihn unterstützt, ein Verlag und eine Vielzahl von Mitarbeitern haben ihre Arbeitskraft und Kreativität investiert, damit schließlich Buchhändler es empfehlen und verkaufen. Es wäre also eine Illusion, wenn ich als Autor davon ausginge, das sei »mein Buch«. Irgendwer hat vorher das Papier hergestellt. Viele andere Bücher sind vorher geschrieben worden. Erst in Ihrem Kopf werden die Reihen von kleinen schwarzen Buchstaben mit Sinn erfüllt, so werden Sie zum Mitautor. Im Buddhismus würde man es so sehen: Ich bin nur ein kleines Glied in einer zusammenhängenden, aber vergänglichen Kette von Ereignissen. Vom Papierhersteller bis zu Ihnen als Leser gehören alle zu diesem Buch. Es gibt also keinen Grund, warum ich mir darauf etwas einbilden sollte, weil ohne den ganzen Zusammenhang – der ja noch viel größer, unüberschaubar und flüchtig ist – gar nichts existieren würde. In Bezug auf den Lebenserhalt gilt in diesem Wirtschaftsbild: »Wer dem

Leben schadet, schadet letztlich sich selbst, wer dem Leben dient, dient letztlich sich selbst«, schreibt Litsch. Der Dalai Lama drückt es in seiner *Spirituellen Autobiographie* ironisch aus, wenn er dem Egoisten rät, unbedingt mitfühlend und selbstlos zu handeln: der einzige Weg, selbst glücklich zu werden, bestehe darin, anderen das Glück zu bringen. Das gilt auch für die Ökonomie, wenn wir den Blick wieder etwas ausweiten. Die Zufriedenheit von Kollegen, Partnern und Auftraggebern fällt unmittelbar auf Sie zurück. Die Idee, dass die Welt einen umgreifenden Zusammenhang darstellt, kommt auch ohne Gott und sogar ohne Buddhismus aus. Matthew Crawford, der eine spezialisierte Motorradwerkstatt betreibt, schreibt am Ende seines Buches *Ich schraube, also bin ich:*

> *(Die) Idee der Unabhängigkeit postuliert ein Alleinsein; ein unabhängiges Wesen ist dann frei, wenn man ein von allen anderen isoliertes Wesen als »frei« bezeichnen kann. Sich selbst so zu betrachten bedeutet, das zu leugnen, was wir der Welt von Natur aus schulden. Wer das tut, begeht den moralischen Irrtum der Undankbarkeit. Denn in Wahrheit sind wir zwangsläufig abhängige Wesen: Wir hängen voneinander ab, und jeder von uns hängt von einer Welt ab, die wir nicht geschaffen haben. Ein bewusstes Leben zu führen bedeutet, dass man sich seiner menschlichen Situation der Abhängigkeit vollkommen bewusst ist. Ein gutes Leben zu führen bedeutet, dass man sich mit dieser Situation aussöhnt und unermüdlich nach Vortrefflichkeit strebt. Einige wirtschaftliche Umstände begünstigen ein solches Leben eher als andere. Wird die Gestaltung der Arbeit vom Ort ihrer Verrichtung getrennt, so werden wir nicht nur voneinander, sondern auch jeder Einzelne von sich selbst getrennt. Denn das Denken ist an sich nicht vom Tun zu trennen, indem wir gemeinsam mit anderen einer vernünftigen Tätigkeit nachgehen, finden wir unsere ganz eigene Befriedigung.*

Fidelis Ruppert und Anselm Grün empfehlen eine »ruhige und gesammelte Art«, in der wir die »Arbeit tun und die Dinge handhaben« sollen. Die meisten Leser werden nicht in einem Kloster leben, eine Motorradwerkstatt betreiben oder jeden Morgen mit einer Stunde Meditation beginnen. (Wobei Sie Letzteres vielleicht einmal versuchen sollten!) Wir bewegen uns in der Regel durch einen Alltag voller Hektik und Zerstreuung, als Einzelkämpfer innerhalb sozialer Zwänge oder als Büroeremiten.

4

SICH IN DER ARBEIT VERLIEREN

Wer völlig in seiner Arbeit aufgeht, verliert eine umfassende Perspektive auf sein Leben. Eine so eingeschränkte Sicht hemmt am Ende die Kreativität, weil sie unsere Erfahrungen künstlich einschränkt. Wer seine beruflichen Sichtweisen auf alle anderen Bereiche ausdehnt, wird blind. Das reale Leben bewahrt uns vielleicht vor diesem Schicksal, dazu gehören für viele Menschen zum Beispiel Kinder oder Haustiere, aber leider auch Krankheiten. Alle drei melden auch dann ihre Bedürfnisse an, wenn das für uns zur Störung wird; alle drei sollten wir nicht kontrollieren oder übermäßig steuern wollen – weil das unmöglich ist. Ob Ihr Kind Sie schlafen lässt, was Ihr Hund oder Ihre Katze treiben oder ob Sie selbst gesund bleiben, das steht in den Sternen. Oft schlägt das Schicksal gerade dann zu, wenn wir es am wenigsten gebrauchen können. In einem Familiensystem hat die körperliche oder psychische Krankheit einer Person sofort Auswirkungen auf alle anderen. Es ist oft schon schwierig genug, eine Deadline zu halten, mit Kindern kommt ein weiterer unkalkulierbarer Faktor hinzu. Wir stoßen zwar in der Arbeitswelt inzwischen eher auf Verständnis, aber in uns machen sich Wut und Frustration darüber breit, wieder einmal »versagt« zu haben. Schöpferische Menschen geraten unter großen psychischen Druck, wenn sie dauerhafter in ihrer Kreativität beschränkt werden. Es gehört nicht gerade zu einer schönen Einsicht, dass nichts in der Welt das ändern wird. Die beiden Grundantworten der Religionen stellen sich dieser Tatsache und beginnen eigentlich genau damit: Die Tür zum Paradies bleibt verschlossen, ganz egal, wie heftig wir an ihr rütteln. Sigmund Freud ging so weit, zu behaupten, im Rahmen dieser Schöpfung sei das Glück einfach nicht vorgesehen. Wir haben also keinen Anspruch, einfach glücklich zu sein – aber stillschweigend leben viele mit der Vorstellung, das Leben schulde ihnen Glück. Für Buddha lautet die erste Wahrheit: *Leben ist frustrierend.* Es bringt für den Menschen, von der schmerzvollen Geburt über das konflikthafte Aufwachsen, im herausfordernden Erwachsenenleben, über das Alt- und Krankwerden bis zum Sterben immer wieder Leiden. Wenn wir aber wissen, dass es genau so ist, könnten wir wieder gelassener werden. (Das ist nicht ganz so einfach, zum buddhistischen Weg gehört daher kontinuierliche Übung.) Vielleicht hilft angesichts dieser Jahrtausende überdauernden Metaphern

WIR HABEN ALSO KEINEN ANSPRUCH, EINFACH GLÜCKLICH ZU SEIN

eine gewisse Vorsicht gegenüber Menschen, Drogen oder Maschinen, die uns die Erlösung von allem Leid versprechen. Es führt zu einem Desaster, wenn wir versuchen, auf der Grundlage von scheinbar plausibel klingenden Ideen das Paradies auf Erden schaffen zu wollen. Dabei heraus kommt, so meinte der Philosoph Karl Popper, nur die Hölle.

Auch wer Arbeit und Leben nicht trennt, sondern einer Berufung folgt, sollte Distanz halten zu dem, was er gerade tut. Dazu muss er sich gedanklich verdeutlichen, in welcher Rolle er steckt. Gerade für Kreative erzeugt die Unsicherheit darüber viel Frustration. Nehmen wir als Beispiel Menschen, deren Leben von Stiften, Pinseln und Farben bestimmt ist und die in ihrem Büro oder Atelier leben. Sie können als *Illustratoren* arbeiten oder als *freie Künstler.* In Bezug auf das Handwerk unterscheiden sich diese Rollen fast nicht: wer Zeichnen will, muss täglich üben, und das wird lebenslang nicht enden. Tomi Ungerer beginnt jeden Arbeitstag mit rein handwerklichen Zeichenübungen, daran ändern weder sein Alter noch sein Erfolg etwas. Schaut man auf sein großes Werk, dann finden wir berühmte Illustrationen, zum Beispiel von Kinder- und Liederbüchern, und die Titelgestaltung ganzer Buchreihen. Dann findet man seine eigenen Bücher, die er selbst geschrieben und illustriert hat – und wir finden Zeichnungen und Bilder, die heute in Museen hängen und auf dem Kunstmarkt gehandelt werden. Distanz zu seiner Arbeit hält man, wenn man sich vorher ins Gedächtnis ruft, ob man gerade als Illustrator oder als Künstler seinen Stift in die Hand nimmt. Die Mönche empfehlen, um sich seiner inneren Haltung bewusst zu werden, eine *Vorausmeditation.* Im klösterlichen Kontext stellt einen das Gebet und die Bitte um Gottes Segen auf das ein, was kommen wird. »Die Vorausmeditation arbeitet nicht über den Willen. (…) Ich träume mich in meine positiven Möglichkeiten hinein. In der Phantasie sehe ich dann, was in mir tatsächlich schon angelegt ist«, schreiben Grün und Ruppert. Aber auch ohne Gott können wir uns kurz sammeln, um uns der eigenen Rolle bewusst zu werden, um sie während der Arbeit nicht ständig zu vergessen. Wer illustriert, der hat einen Auftraggeber, einen Gegenstand, ein Thema oder einen Text, dem er in gewisser Weise dienen soll. Wer künstlerisch arbeitet, der ist von Dienstleistungsaspekten weitgehend befreit – Privileg und große Herausforderung zugleich, weil er sich zwangsläufig in die lange Tradition der Kunstgeschichte stellt und zugleich tiefe eigene Anliegen nach außen bringen will. Am Ende der Arbeit steht ein Abschluss: »In der Nachmeditation gehe ich die Arbeit des vergangenen Tages noch einmal durch. (...) Je nach meiner inneren Situation werden manche Dinge in der Nachmeditation immer wieder auftauchen und mich beschäftigen«, schreiben die beiden Mönche. Dieser Vorgang ist mehr als eine bloß fachliche Nachbereitung, er ist eine Art Schleuse, ein Übergang von der einen Rolle zur anderen. Ich werde den Illustratoren in mir langsam wieder los und kann zur Mutter, zum Sportler oder Leser, zum Hundebesitzer oder Faulenzer werden. Zugleich ist dieser Nachgang eine gute Vorbereitung für die nächste Arbeitsphase – man kann sich Notizen machen oder seinen Tagesplan abhaken.

Wenn wir die Arbeit einrahmen und unsere verschiedenen Rollen bewusst annehmen, dann ordnet das unseren Kopf. Wann beginne ich mit welcher Arbeit und wann hört sie auf? Bin ich den Tag über Illustrator und abends Künstler, oder wechseln die Tätigkeiten wochen- oder stundenweise? Sich darüber Gedanken zu machen hat den Vorteil, dass wir bemerken können, wenn uns eine Aufgabe zu viel Zeit nimmt. Es ist frustrierend, undankbar und überheblich, wenn sich der uneingestandene Wunsch nach künstlerischer Selbstverwirklichung im Unmut gegenüber Auftraggebern äußert, die nur eine Dienstleistung erwarten und genau dafür bezahlen. Und Kunst, die nur die Erwartungen anderer erfüllt, ist keine. Wenn Illustration der Brotjob ist, will man damit vielleicht nicht 50 Stunden jede Woche verbringen. Ist sie die Hauptleidenschaft, dann ist dagegen nichts einzuwenden. Es liegt nicht in den Tätigkeiten selbst begründet, ob sie uns glücklich oder unglücklich machen.

—

ES LIEGT NICHT IN DEN TÄTIGKEITEN SELBST BEGRÜNDET, OB SIE UNS GLÜCKLICH ODER UNGLÜCKLICH MACHEN

—

5

DIE REAL EXISTIERENDE WELT

Die Arbeit deckt uns auf, wo unsere Fehler liegen, unsere Schwächen, unsere Grenzen«, schreiben Ruppert und Grün. Damit wird die Arbeit zu einer Bildungschance. Und sie kann zugleich zur Falle werden. In den letzten Jahrzehnten ist eine bestimmte Form der Arbeit scheinbar auf dem Rückzug, und zwar die mit den eigenen Händen. Dies trifft in verstärktem Maß auf die »Kreativberufe« zu. Computer haben vieles vereinfacht und sie bieten wunderbare Möglichkeiten. Wer für den Satz eine Schrift auswählt, der hat allerdings immer seltener selbst die Erfahrung mit einer Bandzugfeder gemacht. Wer Fotos vor allem am Bildschirm bearbeitet und dann ausdruckt, kennt oft nicht mehr die handwerkliche Arbeit im Fotolabor. Illustratoren sind sich einig darüber, dass es ein großer Unterschied ist, ob von einem Foto abgezeichnet wird oder der Blick auf eine reale Landschaft oder einen Menschen trifft. Vielleicht lässt sich das, was durch bloße Virtualität verloren geht, in eine Metapher packen: Wer etwas über die Steigung eines Berges erfahren möchte, der kann die Höhenmeter auf einer Straßenkarte studieren, das Ergebnis eines Routenplaners betrachten oder mit dem Auto hinauffahren – oder er kann mit dem Rad den Berg erklimmen oder sogar zu Fuß gehen. Viele Wege führen hinauf, aber die eigene Erfahrung und Beziehung zum Berg wird eine andere sein. Nun gibt es generell, wenn neue Medien und technische Möglichkeiten erfunden werden, den Hang zum Schwarzmalen. Noch im 18. Jahrhundert galt das Lesen eines Romans, eine damals verpönte Gattung, als ein Zeichen moralischen Verfalls. Heute hingegen, und das unabhängig von den erzählten Inhalten, gilt die Romanlektüre als pädagogisch wertvoll, Computerspielen hingegen als Gefahr. Die Skepsis gegenüber Neuem schießt manchmal über das Ziel hinaus. Die künstlerische Arbeit kennt viele Materialien, und wer eine Skulptur aus einem Steinblock befreien will, der macht reale Erfahrungen mit steinernen, nicht diskutierbaren Grenzen. Ein Produktdesigner, der seine Ideen nur am Rechner animiert und nicht mehr mit realen Modellen konfrontiert wird, der verliert eine Erfahrungsdimension. Wer mit dem Kopf, aber nie mit seinen Händen arbeitet, der verfängt sich schnell in der Idee, die Welt sei vor allem eine Konstruktion unseres Gehirns. Mit genau diesem Thema hat sich Matthew Crawford beschäftigt, der als promovierter Philosoph einige Zeit bei einem wichtigen amerikanischen Think Tank arbeitete. Aber kaum hatte er nach seinem langen Studium den erträumten Job und ein hohes Einkommen erreicht, befiel ihn der *White Collar Blues*. Die Niedergeschlagenheit, in die ein verkopfter und opportunistischer Büroalltag führen kann, werden viele kennen. Crawford hat nach einiger Zeit die Konsequenzen gezogen, gekündigt, und nun betreibt er eine kleine Motorradwerkstatt. Diese ist zwar spezialisiert auf alte Maschinen, aber dennoch hat er sein weißes Hemd an den Nagel gehängt, auf viel Geld verzichtet, und sein Arbeitsalltag ist der eines Mechanikers. Hier stößt er auf tatsächliche Probleme, die zwar nach raffinierten, aber zugleich ganz konkreten

Lösungen verlangen. Die Maschinen werden mit einem Defekt angeliefert und müssen funktionstüchtig die Werkstatt verlassen; dieser Vorgang ist eindeutig messbarer und er unterliegt nicht subjektiven Einschätzungen. Ein solcher beruflicher Schritt ist unüblich, weil mit verschiedenen Berufen unterschiedlich viel Prestige verbunden ist. Wenige Menschen sind dazu fähig, erhobenen Hauptes einen beruflichen Traum zu realisieren, wenn dabei Einkommen und Image tatsächlich schrumpfen. Zuerst einmal sollte man sich aber darüber klar werden, welche Arbeit einen glücklich macht. Schon diese Frage wird nicht unberührt sein von Meinungen unseres Umfeldes. Für Crawford ist es durchweg ein Gewinn. Und es ist keinesfalls ein intellektueller Rückschritt, die handwerkliche Arbeit verlangt von ihm mehr Kreativität als die wissenschaftliche Auftragsarbeit, bei der oft Geldgeber bestimmen, was herauskommen soll. Dies vor allem deshalb, weil die handwerkliche Arbeit uns mit einer real existierenden Welt konfrontiert, die uns direktes und nicht diskutierbares Feedback über die Qualität unserer Leistung vermittelt. Die Folgen von geistiger und handwerklicher Arbeit für uns sind aber ganz verschiedene. Man kann »vermutlich sagen, dass man in jeder Arbeit Schaden nimmt. Wer als Elektriker arbeitet, atmet große Mengen unbekannter Partikel ein, wenn er in Hohlräume kriecht. Er verschleißt seine Knie, verspannt sich bei der Installation von Lampen und Deckenventilatoren die Nackenmuskulatur und erhält regelmäßig Stromschläge, manchmal sogar, während er auf einer Leiter steht. Die Hände sind zerschnitten, weil man mit Kabeln und scharfkantigen Kabelkästen aus Blech hantiert und Metallleitungen schneidet. Aber keine dieser Verletzungen beschädigt das Selbstwertgefühl«, schreibt der schraubende Philosoph. Denken, vielleicht generell die reine Kopfarbeit, kann unglücklich machen. Es hat Vorteile, nicht in einem Bergwerk schuften zu müssen, aber der postmoderne Wissensarbeiter weiß am Abend nicht, wie viel er zu Tage gefördert hat und welche Qualität sein Tagewerk hatte. Das bringt zum einen viel Frustration mit sich. Zum anderen steht es mit dem Thema Kreativität in direkter Verbindung: Woher können wir überhaupt wissen, ob wir kreativ waren, wenn wir kaum einschätzen können, was wir geleistet haben? Wir erfahren zwar, was der Vorgesetzte dazu sagt (wenn wir einen haben) oder ob der Kunde bezahlen will, was wir geliefert haben – aber das ist, bei genauerem Blick, sehr wenig. Uns bleibt zwar das körperliche Risiko eines einstürzenden Stollens erspart, aber nicht das seelische. Im Büro ist das Selbstwertgefühl oft eingeschlossen wie in einem Käfig. Dies liegt zum einen daran, dass Frustration ein wichtiger Aspekt, machmal sogar Treibstoff für den Kreativprozess ist. Neue Ideen entstehen nicht von selbst. Problematisch aber ist das seelische Unglück, das durch die *Virtualität* der Arbeit selbst entsteht, die uns kein Gefühl mehr vermitteln kann, mit der Welt in Berührung gekommen zu sein. Es wundert daher auch nicht, dass Crawford statt der überstrapazierten »Kreativität« einen ganz anderen Begriff benutzt, den der *Vortrefflichkeit.*

—

UNS BLEIBT ZWAR DAS KÖRPERLICHE RISIKO EINES EINSTÜRZENDEN STOLLENS ERSPART, ABER NICHT DAS SEELISCHE

—

6

ARBEIT ALS WERTE-GEMEINSCHAFT

Daraus leitet sich für die Arbeitskunst etwas Entscheidendes ab: gute Arbeit und gutes Leben gehören zusammen. Es geht dabei nämlich keineswegs um Freizeit auf der einen Seite und Erwerbsarbeit auf der anderen; es geht darum, dass die Arbeit einen Großteil des Lebens ausmacht und dass sie auf alles andere abfärbt. *Arbeit ist Leben!* Nur eine entfremdete Arbeit, die es natürlich gibt, verlangt zum Ausgleich freie Zeit. Aus diesem Grund wandte sich der Philosoph Theodor W. Adorno gegen eine Freizeitindustrie, die den Kunstgenuss in den Bereich der Hobbys verdrängt. Und nur so wird der Satz von Joseph Beuys verständlich: »Freiheit statt Freizeit.« Mit der Entscheidung für einen Beruf oder eine Tätigkeit ist also mehr verbunden, als der leichtfüßige Begriff *Job* suggeriert. Unsere Arbeit steht in Verbindung mit unserem Charakter. Unterschiedliche Berufe sind nicht nur äußerliche, beliebige Tätigkeiten – sondern sie verlangen auch

FREIHEIT STATT FREIZEIT

J. BEUYS

unterschiedliche Charaktere und Einstellungen der Menschen, die sie ausüben. Das Uhrmacher- oder Goldschmiedehandwerk zieht andere Personen an als die soziale Arbeit oder Unternehmensberatungen. Auf Messen und Kongressen tritt dies offen zu Tage: Auf der Buchmesse trifft man andere Menschen und es herrscht eine andere Atmosphäre als auf der IAA oder der CeBit.

Selbst innerhalb der Branchen erkennen wir Mentalitätsunterschiede, Kommunikations- und Produktdesigner unterscheiden sich voneinander, Webdesigner und Buchgestalter, Kalligraphen und Fotografen … und schätzen das Glück, wenn sie den Beruf gefunden haben, der zu ihnen passt. Vielleicht lässt es sich märchenhaft übertreiben: manchmal suchen sich die Berufe ihre Menschen aus und nicht umgekehrt. Arbeit verlangt uns so viel ab, dass wir ein Stück zu ihr werden müssen, wenn eine bestimmte Qualität erreicht werden soll. Zum Fachwissen kommt die Arbeits- und Lebenserfahrung hinzu, beides hat Einfluss auf die für ein kreatives Leben unverzichtbare Intuition. Wenn wir beginnen, nach *Vortrefflichkeit* zu streben, so geht das also weit über die Arbeit hinaus, sie »ermöglicht ein umfassenderes Verständnis dessen, was als gutes Leben gelten kann«, schreibt Crawford. Eine Arbeit, der ich in wohldosierter Demut vor der Tradition und mit Leidenschaft nachgehe, verbindet sich mit bestimmten Werten. Und sie verbindet mich mit bestimmten Menschen. Wir hoffen, dass Juristen sich zu einer gesetzlich und politisch gefassten Gerechtigkeit bekennen; dass ein Koch eine Liebe zu den Zutaten und ein Musiker zur Musik empfindet. Matthew Crawford repariert nicht nur Motorräder, sondern er liebt das Motorradfahren und bewundert Menschen, die das besser können als er selbst. Es ist für eine sinnvolle Arbeit entscheidend, dass wir daran glauben, die Menschen, mit denen wir arbeiten oder die von unserer Arbeit profitieren, haben etwas richtig gemacht im Leben – ganz egal, ob es sich dabei um Schriftgestalter, Yoga-Lehrer oder Dachdecker handelt. Crawford geht es darum, dass die Arbeit uns in einer bestimmten Wertegemeinschaft verankert: »Meine mechanische Tätigkeit ist Bestandteil eines umfassenderen Bedeutungskreises: Sie dient einer Aktivität, die *wir* als Teil eines guten Lebens betrachten. Dieses von allen Beteiligten unserer Gemeinschaft geteilte Bewusstsein, das nicht ausgesprochen werden muss, ist die Grundlage für eine Freundschaft, in der wir uns an konkreten Bildern der Vortrefflichkeit orientieren können. Es geht mir weder darum, das Motorradfahren besonders zu empfehlen, noch darum, das Leben des Mechanikers zu idealisieren. Ich will vielmehr sagen, dass wir, wenn wir unser eigenes Handeln bis zu einem Ursprung zurückverfolgen, etwas über das gute Leben herausfinden. Unser Verständnis des guten Lebens ist möglicherweise schwer zu beschreiben; seine Klärung erfordert eine moralische Untersuchung. Eine solche Untersuchung kann von praktischen Aktivitäten in der Gemeinschaft profitieren, von einer Art von tätigem Gespräch. Durch dieses Gespräch kann die Arbeit unser Leben zu einem in sich schlüssigen Ganzen machen.« Es ist klar, dass wir für dieses Gespräch gleich die doppelte Motivation benötigen – die aus der Tätigkeit selbst und die aus der inneren Verwandtschaft mit denen, die unsere Werteorientierung teilen. Wahrscheinlich gibt es keine schwierigere und zugleich wichtigere Aufgabe auf diesem Wege, Teil einer Arbeitswelt zu werden, die unser Leben konstruktiv bestimmt. Um vortrefflich zu werden, reicht es nicht aus, zu fotografieren: Man muss *Fotograf werden* und somit Teil der Gruppe von Leuten, die Fotografieren über alles liebt. Man stellt sich in eine lange Traditionsreihe von Menschen, die in der Vergangenheit solch ein Bekennt-

MAN MUSS SEHEN LERNEN, UND DAS VERLANGT SEHR VIEL MEHR ALS DIE BEDIENUNG EINES APPARATES ODER VON MARKT-SEGEMENTEN

nis gelebt und in Fotografien verwandelt haben. Man muss Sehen lernen und das verlangt sehr viel mehr als die Bedienung eines Apparates oder von Marktsegmenten.

7

EIN ZIMMER FÜR SICH ALLEIN

Wahrscheinlich waren die mittelalterlichen Meisterwerkstätten, die einsamen Klöster und Künstlerkommunen kreativere Orte als die Büros in den atmosphärisch eisigen Bausünden der Gegenwart. Will man kreative Menschen fördern, dann stattet man sie in der Regel mit Stipendien aus, die ihnen einen zurückgezogenen Aufenthalt in einer Gemeinschaft mit anderen sichern. Den ganzen Tag darf man in seiner Zelle, seinem Atelier oder seinem Zimmer arbeiten, um dann zu den Mahlzeiten andere kreative Geister zu treffen. Moderne Büros sind davon genau das Gegenteil: Egal, ob die Inneneinrichtung seriös oder im Stil von Kinderzimmern daherkommt. Die modernen Büros der Kreativen, zumindest in der Kunst-, Grafik- oder Werbeszene, die historisch betrachtet noch jung sind, kannten die ursprünglichen bürgerlichen Bürozwänge vielleicht nie. Sie kennen daher aber auch nicht die Vorteile eines stillen Kontors, einer langlebigeren Schicksalsgemeinschaft und der kontinuierlichen Anwesenheit. Die Schreibtische, an denen man von Stechuhr, Kollegen und Vorgesetzten bewacht von 9 bis 17 Uhr sitzen muss, sind eine aussterbende Gattung. Einer solchen Gefangenschaft trauert sicher keiner nach, aber sollten wir uns über die neue Kultur der Arbeit, die oft auch nur eine Kultur des neuen Kapitalismus ist, wirklich nur freuen? Die Rahmenbedingungen zwanghafter Enge waren für die klassischen, unpersönlichen Bürokratien ein funktionaler Vorteil – die heutigen Erlebnisparks für die Arbeit scheinen allerdings für alles ungeeignet: für die buchhalterisch monotone Tätigkeit, aber auch für Kreativprozesse. Christoph Bartmann, Historiker und Journalist, der das Goethe-Institut in New York leitet, hat über das neue *Leben im Büro* nachgedacht und kommt zu der These, dass »im Büro von heute nicht mehr die Chefs das Sagen haben, sondern Programme und Instrumente. Die Führung, die einst die Führungskräfte für sich beanspruchten, scheint zurückgesetzt in das Büro-Individuum selbst, das sich nun mit Hilfe von Vereinbarungen und Kontrakten selbst zu steuern hat. Im Büro hat eine Revolution stattgefunden, nämlich die Revolution des Managerismus. Wo einmal Büro war, ist jetzt *Office* – wir befinden uns im Zeitalter der zweiten, der neuen Bürokratie. Office, so nennen wir die große Koalition aus Computersoftware, Betriebswirtschaftslehre und positiver Psychologie, die uns jetzt regiert – oder mit der wir uns selbst regieren.« Die gängigen Büros sind heute alles, aber sie sind keine Orte, die uns eine Möglichkeit geben, ein stabiles Nest zu bauen. Das moderne Office verhindert, dass wir abgeschieden arbeiten können. Das hat dazu geführt, so Bartmann, dass wir, um ungestört sein zu können, das eigene Büro meiden müssen. Wer einen oder zwei Tage pro Woche unerreichbar und ungestört zu Hause arbeitet, ist oft produktiver. Zur Privatwohnung gehört heute also für viele, als wäre das selbstverständlich, auch ein Büroraum. In dieser Frage sind Menschen, die noch kleinere Kinder haben, deutlich benachteiligt. Die moderne Büroarchitektur hat es geschafft, das konzentrierte Arbeiten zu vertreiben und es ins »Homeoffice« abzudrängen. Kreativität ist, egal wie sehr wir den Teamgeist feiern, ein ganz *einsames* Phänomen. Diese Einsamkeit braucht den Rahmen einer Gemeinschaft, sonst endet sie in der Isolation. Aber echte *Gemeinschaft* ist selten, heute steht an ihrer Stelle leider meist nur ein Team. Unter dem Begriff *Team* verstehen wir eine Zweckgemeinschaft auf Zeit, die zuerst ihre Projekte reibungslos abwickelt und anschließend ohne Trennungsschmerz sich selbst. Bedingung dafür ist meist ein aalglatter Kommunikationsstil der Mitglieder, jeder starke Charakter ist eindeutig fehl am Platz. Auch »Geselligkeit« und »Kennenlernen« sind in dieser Geschäftswelt vor allem professionelle Methoden, mit denen der unbedachte Smalltalk eingeübt wird, um jede Reibung zu vermeiden. Um aber eine Metapher meiner Lieblingsverleger zu gebrauchen: *Nur wo es Reibung gibt, kann Glanz entstehen!* Office und Teams sind kein guter Rahmen für kreative Prozesse. Aspekte der Gemeinschaftlichkeit wachsen langsamer und sind kaum rational zu steuern, weil sie auf Vertrauen zwischen verschiedenen Menschen aufbauen, die Charakter und Eigenschaften besitzen. Innerhalb einer Gemeinschaft kann man aber allein sein, ohne dass die Gefühle und das Selbstbild ins Wanken geraten. Auch fundamentale Kritik kann konstruktiv bleiben, wenn die Beziehungen zwischen den Einzelnen nicht nur strategischer Natur sind; sie sind mehr als nur *networking.* Menschen können sich geordneter, klarer und offener begegnen, wenn sie die Möglichkeit zum Rückzug haben. Eine echte Gemeinschaft dämpft Egoismus oder Konkurrenzstreben auf eine stille Weise; die freundliche Grundatmosphäre lässt ein solches Verhalten in einem grelleren Licht erschei-

DIE MODERNE BÜRO-ARCHITEKTUR HAT ES GESCHAFFT, DAS KONZENTRIERTE ARBEITEN INS ›HOMEOFFICE‹ ABZUDRÄNGEN

RELIGIÖSE GEMEINSCHAFTEN, VOR ALLEM KLÖSTER, SICHERN DIE EINSAMKEIT IHRER MITGLIEDER DURCH DEN RÜCKZUG IN DEN GESCHÜTZTEN RAUM DER ZELLE

nen. Religiöse Gemeinschaften, vor allem die Klöster, sichern die Einsamkeit ihrer Mitglieder durch den Rückzug in den geschützten Raum der Zelle. Das heutige Office scheint genau das eher zu verhindern: Aufzüge, Wände und Türen werden aus Glas gebaut, wenn es überhaupt noch Raumtrenner gibt, alles ist auf Transparenz ausgelegt. Die Durchsichtigkeit schafft aber nur vordergründig eine offene Atmosphäre, sie schafft vor allem ständige Kontrolle, weil jeder sich überall beobachtet weiß. Alleine und ungestört arbeiten zu können, vielleicht sogar ohne Anschluss an digitale Kommunikation, das gilt in der modernen Arbeitswelt als eine Sünde und wird gleich architektonisch verhindert. Der vorerst letzte Schritt in diesem Prozess sind Smartphones und iPads, die mich nicht nur permanent erreichbar, sondern auch überall arbeitsfähig machen. Alle Versuche, diese unpersönliche Transparenz ganz durchzusetzen scheitern aber, Christoph Bartmann schreibt dazu: »Das Büro ist, selbst unter Bedingungen der Raumkrise, eine mentale Zelle. Vergleichbar den anderen großen Zellstrukturen – Gefängnis, Kloster, Studierraum – gewährt oder diktiert es eine Abgeschiedenheit, die ich mit Insignien meiner Persönlichkeit ausstatte. Wie immer unpersönlich mein Raum ist, ich werde ihn erschließen, erobern, möblieren. Gib mir einen Raum, oder gib mir auch keinen Raum: ich werde ihn verlässlich zustellen.« Dies scheint ein natürliches Bedürfnis zu sein. Virginia Woolf hat in einem berühmten Essay die Bedingungen untersucht, unter denen Frauen große Kunstwerke verfassen können. Bis ins 20. Jahrhundert wurde ihnen nämlich keine Privatsphäre zugestanden, eine sichere Methode weibliche Kreativität zu verhindern. Damit auch Frauen große Romane verfassen könnten, müssten zwei

Bedingungen erfüllt werden, wie Virgina Woolf schon 1929 schrieb: »Man gebe ihr ein eigenes Zimmer« und ein kleines Einkommen, von dem sie halbwegs leben könne. Diese Forderung gilt heute nicht nur für Frauen, sondern für alle, die kreative Höchstleistungen erbringen wollen. Teamfähigkeit, ständige Erreichbarkeit, Großraumbüros, transparente Architektur und zu große finanzielle Unsicherheit sorgen für Konformität und sie sind Gift für kreative Lebewesen.

TEAMFÄHIGKEIT, STÄNDIGE ERREICHBARKEIT, GROSSRAUMBÜROS, TRANSPARENTE ARCHITEKTUR UND ZU GROSSE FINANZIELLE UNSICHERHEIT SORGEN FÜR KONFORMITÄT UND SIE SIND GIFT FÜR KREATIVE LEBEWESEN

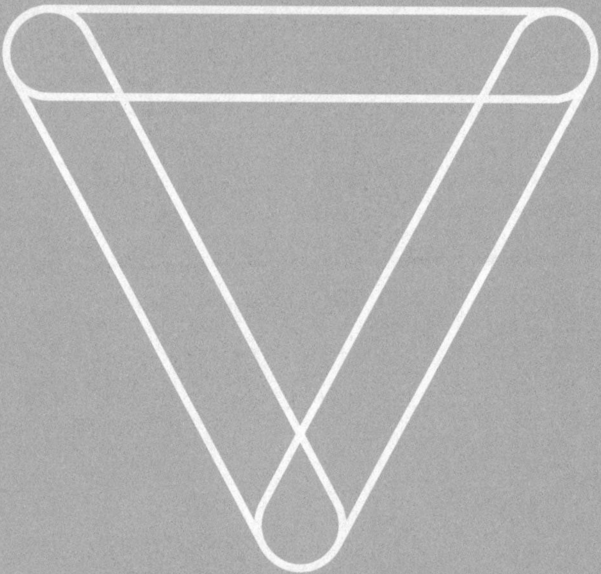

3

KREATIVITÄT IST EINE STILLE ANGELEGEN-HEIT

1

VIEL REDEN, NICHTS SAGEN

Du redest laut, doch du sagst gar nichts ...«, sangen die *Fantastischen Vier* in einem wunderbaren Song. Wir sind heute gezwungen, ständig zu reden. Sobald man mit anderen Menschen zusammen ist, und viele sind das den ganzen Tag, werden Gesprächspausen als irritierend empfunden. Smalltalk-Ratgeber empfehlen, jede »peinliche Stille« zu vermeiden und das Gespräch unbedingt »im Fluss« zu halten. Eine Kultur des miteinander Schweigens hat sich leider in der gewöhnlichen Arbeitswelt und der Gesellschaft nie herausgebildet. Es wird also geredet, geredet, geredet – wer Ruhe will, arbeitet besser zu Hause. Für ein »Bitte nicht stören«-Schild an der Bürotür müssen wir uns schon rechtfertigen. Andere zu bitten, leise zu sein, wird als unsozial empfunden. Eine Bedingung für kreatives Arbeiten in den Phasen höchster Konzentration ist aber Ungestörtheit. Ernsthafte Situationen verlangen nach Stille. Kreativität bedeutet aus dem Nichts zu schaffen, aus Nichts wird Etwas – dies ist keine belanglose, alltägliche Angelegenheit.

Das unablässige Geschwafel der profanen Welt steht im Gegensatz zur Praxis der Weltreligionen. Dort hat das laute, unsortierte Sprechen ein negatives Image und wird als Quelle vieler Übel betrachtet. Der Zen-Meister Shunryu Suzuki schreibt in seinem Bestseller *Zen-Geist Anfänger-Geist:*

Am besten ist es, nur zu praktizieren, ohne etwas zu sagen. Wenn wir über unseren Weg sprechen, gibt es leicht ein Missverständnis, weil der wahre Weg mindestens zwei Seiten hat, eine negative und eine positive. Wenn wir über die negative Seite sprechen, fehlt die positive, und wenn wir über die positive Seite sprechen, fehlt die negative. Wir können nicht zugleich auf positive und negative Weise über etwas reden. Daher wissen wir nicht, was wir sagen sollen. Es ist fast unmöglich, über Buddhismus zu sprechen. Deshalb ist es der beste Weg, nichts zu sagen und ihn nur zu praktizieren. Einen Finger erheben oder einen runden Kreis malen kann der Weg sein, oder sich einfach verbeugen.

Sprechen zwingt uns zu Bewertungen, zu positiven oder negativen Urteilen. Aber das Leben hat, nicht nur aus religiöser Sicht, mehr als nur zwei Seiten. Mit dem Zwang zu reden gehen wir oft der Komplexität einfach aus dem Weg. Wir vereinfachen die Wirklichkeit mit unseren Urteilen und vergessen, dass es nur Worte waren – Schallwellen, die aus unserem Mund kommen. In einem asiatischen Sprichwort heißt es: »Die Zunge hat keinen Knochen«, sie ist frei und kann jeden noch so dummen Gedanken herausbringen. Auch der Philosoph Peter Bieri sieht die Gefahr des belanglosen Redens. Er bezeichnet uns als sprechende Tiere: »Wir reden und reden und halten diese rhetorischen Gebilde am Ende für unsere Überzeugungen – bis es ans Handeln geht.« Wenn wir sprechen, dann dient das nur zu einem geringeren Teil der Übermittlung von Informationen. Wir verpacken in unsere Nachrichten zwangsläufig auch Appelle, Selbstaussagen und Beziehungsbotschaften. Die Notwendigkeit zu sprechen ist unbestritten und enthält nicht nur negative Seiten – aber leider entstehen auch tiefgehende Missverständnisse, Kränkungen und schwierige Emotionen dadurch, dass Menschen zu viel und unbedacht reden. Der ständige Redefluss kann negative Auswirkungen auf andere haben, aber wir attackieren uns damit auch selbst. Oft sind wir blockiert, unkreativ oder übellaunig, weil uns Sätze im Kopf herumgeistern, die uns etwas *einreden.* Aber auch das ist vielen Menschen lieber, als die Stille auszuhalten. Zu viel geredet wird äußerlich und innerlich. Die sozialen Netzwerke nutzen diesen unablässigen Redefluss aus, sie leben davon. Die sozialen Netzwerke können Gleichgesinnte verbinden und auch die Kreativität befeuern, aber dieser Aspekt tritt zugleich mit der Einladung zur ständigen Zerstreuung auf. Das nie endende Rieseln unerheblicher Informationen entfaltet eine Sogwirkung, so dass tieferliegende, innere Stimmen gar nicht erst zu Wort kommen. Auf einem Bildschirm ist das Tor zur Zerstreuung nur einige Zentimeter und einen Klick entfernt. Das vom amerikanischen Künstler Steve Lambert entworfene kleine Programm *Selfcontrol,* das im Facebook seinen Siegeszug antrat, zeugt von einem grundlegenden Bedürfnis nach Ungestörtheit. Mit Hilfe der Software lassen sich für einen selbst gewählten Zeitraum beliebige Webseiten sperren. Einmal dafür entschieden, die nächsten Stunden ohne Facebook, YouTube oder Spiegel Online zu verbringen, gibt es kein Zurück mehr. Für die Störungen von außen, seien es Kollegen, das Telefon, Musik, Radio oder der Fernseher, gibt es so eine App noch nicht. Was geschieht eigentlich, wenn man die äußeren Kanäle abschaltet und sein Ohr nach innen richtet?

AUF EINEM BILDSCHIRM IST DAS TOR ZUR ZERSTREUUNG NUR EINIGE ZENTIMETER UND EINEN KLICK ENTFERNT

2

DIE FÄHIGKEIT ALLEIN ZU SEIN

Zuerst einmal bricht bei vielen Menschen Panik aus, wenn sie wirklich allein sind. Sie haben sich seit Jahren daran gewöhnt, der Stille aus dem Weg zu gehen, um bloß nicht mit sich selbst konfrontiert zu werden. In der wenigen Zeit, in der man nicht mit anderen Menschen zusammen ist, übernehmen Medien die Aufgabe, die Ruhe zu stören. Wer nach Hause kommt und dort nicht von seinen Mitbewohnern in Beschlag genommen wird, schaltet erst einmal Radio, Fernseher oder Computer ein. »Ein Ziel der Lebenskunst ist es, das eigene Leben so zu führen, dass man bei sich bleibt, sich nicht verliert, zumindest nicht dauerhaft, sondern immer wieder zu sich findet: dass man Alleinsein sucht und Einsamkeit meidet«, schreibt der Psychoanalytiker Rolf Haubl. Die Stille konfrontiert uns mit uns selbst, aber das ist erstaunlicherweise kein beliebter Ort. Die Schriftstellerin Anne Lamott bringt es auf den Punkt: »Mein Geist ist wie ein verrufenes Viertel. Ich wage erst gar nicht, dort allein hinzugehen.« Erst wenn alles schweigt, kommen wir wirklich an diesen Ort, an dem wir »bei uns« sein können, wie es Haubl ausdrückt. Aber die Gefühle, die dann entstehen, können unangenehm sein, und das Selbstbild gerät in Gefahr. Ohne Ablenkung von inneren Stimmen fühlen sich viele nicht mehr anerkannt, sie können nicht *mit sich eins sein.* Sie sind, wie Haubl schreibt, »außer sich« und »Trost los«. Es entstehen quälende Gefühle der Einsamkeit, der Isolation und Langeweile – und die sind Gift für den Versuch, sich zu konzentrieren. Konzentration erfordert die Fähigkeit, allein sein zu können. Ideen werden meist allein erarbeitet, erst mit den ersten umgesetzten Entwürfen gehen wir wieder in Kontakt mit anderen und entwickeln sie weiter. Störungen von außen lassen sich relativ gut vermeiden. Ein Arbeitsraum lässt sich finden und Medien lassen sich ausschalten. Aber die inneren Störungen, für die unser eigener Kopf sorgt, sind schwieriger in den Griff zu bekommen. Wir entscheiden leider selten selbst, wann wir was denken – unser Gehirn fragt uns nicht, ob uns diese oder jene Gedanken gerade recht kommen. Dem eigenen Kopf möchte man manchmal zurufen: »Ruhe da oben!« Die Fähigkeit zur Konzentration und zum Alleinseinkönnen wird uns nicht in die Wiege gelegt; unser Kopf ist, einmal erwachsen geworden, ein permanenter Störenfried. Der Maler Lucian Freud sagte in einem Interview: »Wenn ich überhaupt ein Geheimnis habe, dann ist es Konzentration – und das ist etwas, das man niemandem beibringen kann.« Aber, da sind sich die Wissenschaftler mit den religiösen Traditionen einig, man kann sie trainieren. Unser Geist ist unruhig, aber lernfähig.

KONZENTRATION ERFORDERT DIE FÄHIGKEIT, ALLEIN SEIN ZU KÖNNEN

Der Mathematiker und Philosoph Alfred N. Whitehead definiert die Religion als das, »was ein Mensch mit seiner Einsamkeit macht«. Es wundert daher nicht, dass sich in der christlichen und buddhistischen Tradition viele Texte finden, die Erfahrungen mit der Stille, mit Selbstvertrauen und Konzentration schildern. Der überraschende Erfolg des Dokumentarfilms *Die große Stille* von Philip Gröning zeigt, dass es ein Bedürfnis nach der Fähigkeit allein zu sein gibt. Der Filmemacher hatte eine Anfrage an die Grande Chartreuse in den französischen Alpen geschickt, er wolle einen Dokumentarfilm über das 1084 gegründete Kartäuserkloster drehen. In dem strengsten der katholischen Schweigeorden haben sich die Lebensregeln seit der Gründung nicht verändert. Die Kartäuser bieten weder Wellness- noch Meditationskurse an; es gibt keinen offenen Gästetrakt und die Mönche empfangen in der Regel keinen Besuch. Nur ein Mal in der Woche brechen sie ihr Schweigen bei einem kurzen Spaziergang. Dass in einer solchen Welt der Stille eine ganz andere Wirklichkeit entsteht, zeigt die Antwort der Mönche an den Filmemacher. Erst 16 Jahre später erhielt er die Dreherlaubnis: aber auf Musik, ein Filmteam, künstliche Beleuchtung und Interviews müsse er verzichten. Nach beinahe sechs Monaten Drehzeit entstand ein 164 Minuten langer Dokumentarfilm von fast absoluter Stille. Die Form des Films bildet somit selbst eine Art Kloster und nicht nur dessen Abbild. In ruhigen Bildern folgt er dem Alltag der Mönche, ihrer Arbeit, den Gesängen und Gebeten. Auf Interviews wird verzichtet. Wer zuerst auf das Format schaut, die Länge und die Stille, der meint, so einen Film im Kino gar nicht aushalten zu können. Aber es passiert genau das Gegenteil: Man wird immer ruhiger und entspannter im Kinosessel und denkt, dieser Film könne ewig weiterlaufen. Trotz der enormen Länge verlassen nur selten Zuschauer den Kinosaal vor dem Ende. Obwohl die Dokumentation mit einer extrem weltabgewandten Lebensform konfrontiert, beginnt man an der eigenen lauten Welt zu zweifeln. Die angstfreien und konzentrierten Blicke der Mönche in die Kamera lassen einen nicht los. Es wundert nicht, dass die Kartäuser zu allen Zeiten bedeutende religiöse Schriftsteller und kreative Geister hervorbrachten.

Aber auch jenseits der Leinwand zeigt sich das steigende Bedürfnis nach Stille. Anfang der 1990er Jahre eröffnete in England der erste *Quiet Garden,* ein ruhiger Ort, für den es nur eine Anweisung gibt: »Don't just do something, sit there!« Der englische Schlagzeuger, Autor, Pädagoge und Priester Philip Roderick hat ihn gegründet und heute betreibt seine Quiet-Garden-Bewegung über 300 solcher kontemplativer Ruhezonen weltweit. Dabei kann es sich um Privatgärten handeln, aber auch Kirchen, Meditationszentren, Schulen, Gefängnisse oder Kliniken haben Gärten oder Räume der Stille eingerichtet. Von der Stille geht eine heilsame Wirkung aus. Phasen des Schweigens sind eine normale Übung in allen Weltreligionen. In Spanien gehörte sie an den jesuitischen Schulen lange zum normalen Stundenplan: einige Tage in einer Gruppe das Schweigen lernen. Auch Menschen, die sich längst von der Amtskirche abgewandt haben, erinnern sich positiv an diese Erfahrung. Viele kehren als Erwachsene wieder in die Exerzitienhäuser zurück, um an den Schweige- oder Kontemplationskursen teilzunehmen, die zum gewöhnlichen Seminarangebot gehören. Stille auszuhalten verbessert die Konzentrationsfähigkeit.

STILLE AUSZUHALTEN VERBESSERT DIE KONZENTRATIONSFÄHIGKEIT

Die Moderne hat das Schweigen aus der Mode gebracht. Der Philosoph Odo Marquard hat deshalb ein *Plädoyer für die Einsamkeitsfähigkeit* verfasst: »Was uns modern plagt, quält und malträtiert ist nicht nur (...) die Einsamkeit, sondern vor allem der Verlust der Einsamkeitsfähigkeit.« Die Fähigkeit zum Alleinsein und zum Aushalten der eigenen Individualität sei verloren gegangen. Eine der Hauptbedrohungen für die Fähigkeit allein zu sein ist der Zwang zur Team- und Gruppenarbeit. Die Gruppe ist für den Philosophen vor allem ein Anti-Einsamkeitsmittel: »Man flieht (...) ins Kollektiv, das jetzt als Allesheiler propagiert wird. Fortan darf man – im Namen der Einsamkeitsbesiegung (...) – nichts mehr allein machen: weder lesen noch schreiben, weder arbeiten noch wohnen, weder denken noch schlafen, weder reden noch schweigen, weder weinen noch glücklich sein; selbst allein sein darf man nicht mehr allein; alles muss gemeinsam veranstaltet werden: kein Heil außerhalb der Gruppe«, schreibt Marquard. Dabei führt gerade das positiv erlebte Alleinsein zum freien, unabhängigen Denken und zur Konzentration – beides wichtige Bedingungen für Kreativität. Um wieder eine Kultur der Einsamkeitsfähigkeit zu etablieren, nennt der Philosoph drei Momente, die ihm wichtig erscheinen: Humor, Bildung und Religion. Bildung steigert die Wahrnehmungsfähigkeit, denn man sieht nur, was man weiß. Und sie beinhaltet, so der Philosoph Robert Speamann, die Fähigkeit zur Konsum- und Selbstdistanz. Humor hilft, die Dinge nicht zu ernst zu nehmen. Alan Watts, buddhistischer Philosoph und Schriftsteller, war berühmt für seinen Humor. »Als Mensch ist man immer auch ein bisschen ein Schlingel«, schrieb er, und: »Unter salbungsvollen Puristen fühle ich mich unwohl.« Auch vom Dalai Lama kennen wir kaum ein Foto, auf dem er nicht lacht, obwohl sein Schicksal eigentlich genug Gründe bereithält, den Mut zu verlieren. »Ein Leben im Exil ist ein unglückliches Leben. Ich habe mich aber immer bemüht, einen glücklichen Geisteszustand zu kultivieren, indem ich diese Existenz ohne festes Zuhause und abseits jeder Etikette als große Chance sehe. So konnte ich meinen inneren Frieden bewahren.« Er gibt ein Beispiel dafür, dass die äußeren Gründe allein nicht ausreichen, um einem den Humor zu rauben. »Trotzdem lache ich oft, und mein Lachen ist ansteckend. Fragt man mich, wie ich noch immer die Kraft zu lachen finde, antworte ich: Ich lache von Berufs wegen«, schreibt er in seiner *Spirituellen Autobiographie.*

»Was für ein Herz muss in einem Menschen wohnen, der sich in einer müßigen Stunde traurig fühlt. Gibt es denn etwas

Herrlicheres, als frei von weltlichen Bindungen zu sein und für sich allein zu leben?« Dieser stolze Satz findet sich in den *Betrachtungen aus der Stille* von Yoshida Kenko, einem japanischen Text, der im 14. Jahrhundert geschrieben wurde. Langeweile ist dem Autor fremd, an ihre Stelle tritt die Fähigkeit zur Muße – die nichts mit Faulheit im heutigen Sinne gemeinsam hat. »Wenn ich allein und in Muße bin, sitze ich den ganzen Tag vor meinem Tuschkasten und schreibe alles, was mir durch den Kopf geht, ohne Zusammenhang und ohne eine bestimmte Absicht auf. Dabei ist mir recht wunderlich zumute …«, so beginnt er seine berühmten Aufzeichnungen. Muße lässt sich also als tiefe innere Ruhe verstehen mit dem Glück allein zu sein. Gerade das absichtslose Tun öffnet den Raum für kreative Leistungen, die noch nicht vorschnell durch Zwecke verzerrt und bewertet wurden. Die moderne Forschung geht davon aus, dass Handlungsspielräume eine Voraussetzung für Kreativität sind. Allerdings thematisiert die Arbeitspsychologie vor allem die äußeren Spielräume. Das ist fraglos berechtigt, gegen die faktischen Rahmenbedingungen kommt man nicht an. Sie begrenzen die Kreativität und das führt, nicht nur bei Berufseinsteigern, immer wieder zu Frustration. Oft scheint uns sehr viel mehr möglich zu sein, als sich tatsächlich realisieren lässt. Die künstlerischen Mittel, die Designer einsetzen, infizieren sie mit der Freiheit der Kunst, und die steckt als Stachel im zweckbestimmten Dienstleistungsverhältnis. Über die *äußeren* Spielräume lässt sich abschließend urteilen: Wer die Kapelle bezahlt, bestimmt die Musik. In den religiösen, aber auch künstlerischen Traditionen wird mehr Wert auf die *inneren Freiräume* gelegt.

MUSSE LÄSST SICH ALSO ALS TIEFE INNERE RUHE VERSTEHEN MIT DEM GLÜCK ALLEIN ZU SEIN

3

DAS INNERE GEFÄNGNIS

Sein Blick ist vom Vorübergehn der Stäbe
so müd geworden, dass er nichts mehr hält.
Ihm ist, als ob es tausend Stäbe gäbe
und hinter tausend Stäben keine Welt.

R.M. RILKE

Das berühmte Gedicht von Rainer Maria Rilke schildert einen Panther in einem Käfig, Rilke schrieb diese Zeilen 1902 in Paris. Auch wir stoßen uns an den Stäben unserer inneren Gefängnisse. Psychologisch gesehen ist der Mensch ein Selbstfesselungskünstler. Der unruhige Kopf mit seinen vielen Gedanken und Erwartungen schmiedet Käfige, in die wir uns selbst einsperren. Dies beginnt oft schon bei den Vorurteilen, die wir unbewusst darüber fällen, was sich ein Auftraggeber tatsächlich wünscht. Vieles begrenzt unsere Ideenfindung: Unruhe, vorschnelle Bewertungen oder die Unfähigkeit aktiv zuzuhören. Viele Stäbe des Käfigs existieren nur in unserem Kopf und nicht in dem des Auftraggebers. Je starrer unsere Ansichten sind, je etablierter die Routinen, desto fester scheint die Käfigtür verschlossen. Am Ende sind es Unachtsamkeit und Aktionismus, die uns einsperren. Um zu sehen, dass die Türen offen stehen, müssen wir zur Ruhe kommen, auch

VIELES BEGRENZT UNSERE IDEEN-FINDUNG: UNRUHE, VORSCHNELLE BEWERTUNG ODER DIE UNFÄHIGKEIT AKTIV ZUZUHÖREN

innerlich. Erst dann lassen sich die Begrenzungen erkennen. »Das Schweigen besteht nicht nur darin, dass der Mensch aufhört zu reden«, schreibt der Philosoph Max Picard in einem vergessenen Standardwerk über die *Welt des Schweigens.* Er bezeichnete das Schweigen als »heilige Nutzlosigkeit«; erst im Kontrast zur Stille zeigt sich, welchen Gehalt die Kommunikation selbst hat. Mit der Fähigkeit zu Schweigen, Stille auszuhalten und allein sein zu können verändern sich auch das Sprechen, Zuhören und die Konzentrationsfähigkeit. Wer schweigt, begegnet sich selbst: »Schweigen meint nicht bloß, dass ich nichts rede, sondern dass ich die Fluchtmöglichkeiten aus der Hand gebe und mich aushalte, wie ich bin. Ich verzichte nicht bloß auf das Reden, sondern auch auf all die Beschäftigungen, die mich von mir selbst ablenken. Im Schweigen zwinge ich mich, einmal bei mir zu sein«, schreibt Anselm Grün. Wer schweigen will, der muss hören lernen.

4

HÖREN LERNEN

Im Bombardement der Sinne benötigen wir Zonen der Unterbrechung, merkliche Pausen, Stille«, schreibt der Philosoph Wolfgang Welsch. Wer sich mit der Stille beschäftigt, muss sich den Geräuschen widmen. Wir laufen nicht nur durch eine sichtbare Welt, sondern wir sind umgeben von einer akustischen Hülle. Während wir die Augen einfach schließen können, sind wir dem Lärm der Welt ausgeliefert – »Gott schenke uns Ohrenlider«, klagte Kurt Tucholsky in seinem Roman *Schloss Gripsholm*. Selbst wenn wir schlafen nehmen wir Außengeräusche war, und nicht selten werden sie Teil unserer Träume. Um Alleinsein und Stille zu erkunden, müssen wir wieder hören lernen. Schon Joseph Beuys wandte sich gegen die Dominanz des »retinalen« Sinnes, und es wundert nicht, dass die Hauptakteure der Fluxus-Bewegung ihren Ursprung in der Avantgardemusik hatten. Nam June Paik etwa war Schüler von Karlheinz Stockhausen, bevor er später mit seinen Performances und Videoinstallationen berühmt wurde. Wir sollten also wieder »hellhöriger« werden. Das anspruchsvolle Hören betrifft nicht nur die Musik, eigentlich verdient der »Klang der Welt« etwas mehr Aufmerksamkeit. Wie hört sich Ihre Wohnung, wie Ihr Büro an? Würden wir die letzten 100 Jahre in Zehnerschritten die Geräuschkulisse von Privatwohnungen oder Büros aufgezeichnet haben, hörten wir fundamentale Veränderungen. Und Veränderungen haben immer auch Folgen.

EIGENTLICH VERDIENT ›DER KLANG DER WELT‹ ETWAS MEHR AUFMERKSAMKEIT

Der kanadische Komponist und Hörforscher Murray Schafer gilt als Erfinder der *akustischen Ökologie*. Ihn interessiert das Akustikdesign der Erde. Den Klang der Welt nennt er *Soundscape*, Klanglandschaft. Diese unterscheidet er in zwei Bereiche. Geräusche, die er *Hi-Fi* nennt, sind differenziert, tief und in ihnen werden einzelne Laute deutlich. »In der Hi-Fi-Soundscape überlappen sich Laute nur selten und es gibt eine akustische Perspektive: Vordergrund und Hintergrund«, schreibt Schafer. Die Geräusche der Nacht oder des ländlichen Raumes sind eher dieser

Natur. Die Kirchenglocken des Nachbardorfes, das Knirschen des Gehens über frischen Schnee, das seichte Kratzen einer Bandzugfeder über Papier oder das Knacken des Kandiszuckers, wenn wir Ostfriesentee darüber gießen – allesamt überaus feinsinnige Geräusche. Davon unterschieden wird die Welt der *Lo-Fi-Soundscape*, vereinfacht gesagt: der undifferenzierte Lärm an einer Straßenkreuzung in einer Großstadt. »Die Hörperspektive geht dabei verloren (...), es gibt keine Ferne; dort gibt es nur unmittelbare Anwesenheit. Alle Laute mischen sich durch- und miteinander«, schreibt Schafer. Nun sind die differenzierten, feinen Geräusche für die Seele sicher heilsam. Aber der Lärm nimmt zu, die Städte sind ein lautes Rauschen. Visueller und akustischer Stress summieren sich zu einer Umgebung, in der es schwer fällt, zur Ruhe zu kommen und sich zu konzentrieren.

In der Geschichte der Klänge nimmt Schafer auch das Telefon in den Blick. Er hält es für ein Medium, das dazu erfunden wurde, unsere Gedanken zu unterbrechen. »Zweifelsohne hat es seinen Teil zu den Kurztexten und der abgehackten Sprechweise der Moderne beigetragen«, schreibt der Forscher. Tatsächlich ist das Klingeln eines Telefons Büroalltag. Im Gegensatz zu anderen Medien ist es eine permanente Quelle der Störung, solange es nicht stumm gestellt wurde. Sein akustisches Signal durchschneidet die Stille und die Konzentration. Um sich eine gewisse Zeit lang konzentrieren zu können, bleibt kaum eine andere Wahl, als es auszuschalten. Die Mailbox wird die Anliegen der Anrufer sicher aufbewahren und oft sind sie nicht so dringlich, dass nicht ein Rückruf ausreichen würde. Wer gar nicht erst auf den Anrufbeantworter spricht, kann kein wichtiges Anliegen haben.

Um wieder oder besser hören zu lernen, hat Schafer ein Übungsprogramm entwickelt, das er *Earcleaning* nennt. Im Mittelpunkt des Lernprogramms steht die Fähigkeit »Stille zu respektieren«, nur so ist der Hörsinn zu verfeinern. Um damit eine erste Erfahrung zu machen, versuchen Sie einmal, einen Tag zu schweigen. Das ist keine einfache Übung. Sie müssen dafür allein sein, ein Sonntag bietet sich an. Je nach Lebenssituation müssen Sie wegfahren. Informieren Sie am Vorabend die Freunde und Partner, dass Sie vom Erwachen bis zum Schlafengehen nicht sprechen möchten. In Ihrem Kopf sind nun wahrscheinlich sofort endlos viele Rechtfertigungen, warum sich das nicht realisieren lässt. Seien Sie ehrlich: Es lässt sich realisieren, wenn Sie es wollen. Verzichten Sie auf Lesen, das Internet und Fernsehen. Schweigen bedeutet auch »soziales Schweigen«, nehmen Sie also keinen Kontakt zu anderen Menschen auf. Sie werden sehen, dass nach einer anfänglichen Unruhe auch Ihre inneren Stimmen ruhiger werden. Sie können *Soundwalks* machen, also im Gegensatz zum Sightseeing durchwandern Sie den Ort, an dem Sie sind, einmal mit offenen Ohren. Wer einmal in Madrid oder einer beliebigen anderen Metropole wach geworden ist, weiß, dass jede Stadt ihre ganz eigene Klangwelt erzeugt. Miles Davis hat in seinem letzten Album *Doo-Bop* von 1992 versucht, die Soundscape von New York in musikalischer Form darzustellen. Er saß dazu in seinem Hotelzimmer bei offenem Fenster und hörte sich den Klang der Stadt an. Aus dem hellwachen Zuhören entwickelte er also das kreative Konzept seiner Kompositionen. Wenn Sie sich aufmerksam den Geräuschen oder der Stille aussetzen, können Sie sie aufzeichnen. Sie werden bemerken, in welchen neuen Zustand Sie das versetzt. Und, sobald es still wird, wahrscheinlich auch, dass Ihr Kopf macht, was er will – und nicht, was Sie wollen.

5

DAS EIGENLEBEN UNSERES KOPFES

Wer zur Ruhe kommt, setzt sich den eigenen Gedanken aus. Und wenn wir ehrlich sind, bemerken wir, dass nicht wir entscheiden, was wir denken. Die Gedanken kommen einfach, auch die unerwünschten. Unser Kopf ist in der Lage, uns die schönste Situation zu verderben. Die Rahmenbedingungen, also die äußeren Faktoren, spielen dabei eine kleinere Rolle, als wir gewöhnlich denken. Wer kennt nicht idyllische Urlaubssituationen, glückliche Kunden, volle Auftragsbücher, aber schon nach kurzer Zeit glauben wir: Also ein bisschen zu heiß ist es doch, der Kunde mag zufrieden sein, aber ich bin es nicht. Selbständige kennen meist nur zwei Sorgen: zu viele oder zu wenige Aufträge; aber dazwischen existiert einfach keine Grauzone. George Bernhard Shaw brachte es auf den Punkt, als er schrieb: »Es gibt zwei große Enttäuschungen im Leben: Nicht bekommen,

UNSER KOPF IST IN DER LAGE, UNS DIE SCHÖNSTE SITUATION ZU VERDERBEN

was man haben möchte – und es bekommen.« Selbständige kennen die Angst, nicht alles zu schaffen, und die Angst, nicht genug Geld zu verdienen.

Andreas Knuf schildert in seinem Buch *Ruhe da oben!* wie unser Denken funktioniert. Die Zweifel, Ängste und Unzufriedenheiten sind nämlich weniger eine Frage des individuellen Charakters, sie haben mit den Grundstrukturen des Denkens zu tun. Das besteht zu einem großen Teil, so der Psychotherapeut, im *Bewerten, Kommentieren und Vergleichen.* Setzen Sie sich einmal in ein Café und schauen die Leute an. Sie werden merken, wie schnell die typischen Mechanismen einsetzen, wir fällen permanent Urteile. Unser Geist kommentiert, was wir sehen und tun, und er lässt sich weder verlässlich steuern noch hält er sich an unsere Anweisungen. Solche Kommentare und Bewertungen haben mehr mit uns selbst zu tun, als wir glauben. Und sie münden oft in Vergleichen mit anderen. Dabei kann, im Hinblick auf Kreativität, meist nichts Gutes herauskommen. Entweder wir sind frustriert, weil wir erkennen, dass andere besser sind. Oder wir werden überheblich, weil wir sehen, dass wir besser sind. Beides macht blind oder verzerrt die Wahrnehmung. Aus unserem Kopf, so schildert es Knuf, bekommen wir drei Stimmen nur schwer vertrieben. Zum einen den *inneren Antreiber,* der uns jede Fähigkeit zur Muße nimmt. Für Kreative ist die Anspannung nicht das Problem, sie arbeiten meist zu viel. Aber der Energiehaushalt benötigt Pausen, wir müssen uns von der Anstrengung wieder erholen. Unser Kopf kann für andauernde Unzufriedenheit sorgen, ganz egal, wie produktiv wir waren. Unser Geist enthält zudem einen *inneren Kritiker,* der in der schlimmsten Form als Perfektionismus auftritt. Perfektionismus hemmt die Leistungsfähigkeit, er lähmt und quält auf Dauer. Er ist eine Erfindung unseres Kopfes, niemals ein realer Zustand. Vollkommenheit oder Unübertreffbarkeit widersprechen den Tatsachen einer sich ständig wandelnden Welt. In der traditionellen japanischen Ästhetik, den Idealen des Buddhismus folgend, wird daher ein zu großer Wohlklang von Harmonie, die symmetrische Darstellung oder Makellosigkeit abgelehnt. Perfektion in Kunst und Design nähren so nämlich nur die Illusion, es gäbe Vollendung oder man könne das Leben kalkulieren oder beherrschen. Diese Illusion endet mit einer frustrierenden Enttäuschung, weil dieser Kosmos sich nicht danach richtet, was wir uns wünschen. Das ist leider die alltägliche Erfahrung. »Es ist immer einfach nur so!«, lautet ein Spruch der Zen-Meister. Unsere Frustration besteht zu einem großen Teil aus inneren Kämpfen, die sich gegen unbesiegbare Gegner richten. Ein bekanntes kleines Gebet, das dem amerikanischen Theologen Reinhold Niebuhr zugeschrieben wird, greift das Problem raffiniert auf: »Gott gebe mir die Gelassenheit, Dinge hinzunehmen, die ich nicht ändern kann, den Mut, Dinge zu ändern, die ich ändern kann, und die Weisheit, das eine von dem anderen zu unterscheiden.«

DIE STÄBE DES KÄFIGS IN UNSEREM KOPF SIND AUS GEDANKEN UND ÄNGSTEN GESCHMIEDET

Auch wenn andere längst zufrieden sind und die Auftraggeber glücklich, produziert unser Kopf noch Zweifel. Man könnte sich zudem endlos aufregen! Wir sollten uns aber im Klaren darüber sein, dass es sich bei all diesen Beschuldigungsspielen des Gehirns *nur um Gedanken handelt.* Und die haben meist wenig mit der real existierenden Welt da draußen zu tun. Die Stäbe des Käfigs in unserem Kopf sind aus Gedanken und Ängsten geschmiedet. Als letzte innere Stimme beschreibt Andreas Knuf den *Pleaser,* der dazu auffordert, immer schön freundlich zu sein: aber nur zu anderen. Menschen, die viel leisten – und insbesondere Frauen zwischen 20 und 30 – entwickeln einen Hang zur

Selbstausbeutung. (Und die Agenturszene ist dominiert von männlichen Agenturinhabern, die junge Frauen anstellen!) Das lässt sich einfach testen: Würden Sie andere so behandeln, wie sich selbst? Verlangen Sie von anderen, was Sie von sich verlangen?

Die Bewertungen, die unser Geist laufend produziert, schränken die Kreativität durch Zensur ein. Also ist der einzige Weg, freier zu werden, Abstand zu den eigenen Gedanken zu bekommen. Was gewöhnlich als »Abschalten« bezeichnet wird – Fernsehen, Sport, Geselligkeit – ist aber oft nur ein Weglaufen vor unangenehmen Gefühlen. Unsere Psyche hat die Fähigkeit, unangenehme Erfahrungen auszublenden, die sogenannte Dissoziation. Sie ist eigentlich für Notfälle und Ausnahmesituationen vorgesehen, aber auch in unserem Alltag kennen wir eine mildere Form des Phänomens. Andreas Knuf nennt sie »Beam-mich-weg«-Strategien, nach der wunderbaren technischen Errungenschaft auf dem Raumschiff Enterprise: Wenn es zu brenzlig wird, werden die Helden aus der Gefahrenzone gebeamt. Der so hoch gelobte Sport kann schnell zum erneuten Leistungskampf werden. Unsere Arbeit wird bestimmt von den To-do-Listen und die Freizeit von den unerbittlichen Trainingsplänen für den nächsten Marathon oder die Himalaya-Überquerung im anstehenden »Urlaub«. In einer pervertierten Form des Sportes setzen viele nur den Kampf gegen sich selbst fort. Fernsehen ist meist dümmliche Zerstreuung. Als Medium für den Trash ist es nicht zu überbieten. Aber wenn es anspruchsvoller wird, nimmt die Gefahr zu, darauf wies schon der Medienforscher Neil Postman hin. Gerade das »anspruchsvolle« Fernsehen ist eine perfide Verlockung, weil es suggeriert, es hätte einen Mehrwert. Aber gerade die Themenabende über berühmte Schriftsteller, Designer, Musiker oder Künstler halten uns davon ab, diese Schriftsteller zu lesen, ins Museum, Kino, Konzert oder Theater zu gehen. Fernsehen kennt keine Einstiegsvoraussetzungen und macht träge, nichts ist einfacher als es einzuschalten. Es bleibt, ganz unabhängig vom Programminhalt, immer nur Fernsehen. Auch Geselligkeit kann dazu dienen, dem Alleinsein aus dem Weg zu gehen. Jeder kennt Menschen, sogar Paare, die permanent getrieben sind und es vermeiden, allein zu sein. Sie arbeiten mit anderen, gehen mit anderen aus, fahren mit anderen in Urlaub und wohnen mit anderen Menschen zusammen. Auch die Elternrolle bietet heute durch ihre hohen Anforderungen ideale Fluchtbedingungen. Wer sich nur über seine Kinder definiert und nichts anderem im Leben mehr Raum gibt, der muss sich eigenen Problemen, Gedanken und Gefühlen scheinbar nicht mehr stellen – und gilt irrtümlicherweise als vorbildliche Mutter (oder Vater).

DIE INNEREN KÄFIGE SIND AUS GEDANKEN GEBAUT, DAS DENKEN SELBST KANN ALSO KEINE HILFE SEIN, UM DIE GITTERSTÄBE ZU LOCKERN

Natürlich kann Sport gut tun und ein Ausgleich sein, Fernsehen Freude machen und Geselligkeit senkt den Stresspegel. »Es geht überhaupt nicht darum, zukünftig keine Kreuzworträtsel mehr zu lösen oder den Fernseher abzuschaffen. Die entscheidende Frage ist nicht, *was* wir tun, sondern *wozu* wir es tun.« Trinken wir ein Glas Wein am Abend, weil wir es genießen, oder müssen wir Alkohol trinken, um abschalten zu können? »Wenn wir eine Verhaltensweise nutzen, um uns vor unangenehmen Empfindungen zu schützen, dann entfliehen wir damit der Gegenwart und sind nur kurzfristig entlastet«, schreibt Andreas Knuf. Es lässt sich leicht herausfinden, womit eine Tätigkeit zu tun hat. Werden wir nervös, wenn wir auf sie verzichten? Sind wir von ihr abhängig? Nur wer aus seinem inneren Käfig ausbrechen kann, überschreitet auch die äußeren Begrenzungen. Die inneren Käfige sind aus Gedanken gebaut, das Denken selbst kann also keine Hilfe sein, um die Gitterstäbe zu lockern. Wir neigen allerdings oft dazu, dem fatalen psychologischen Gesetz des »mehr desselben« zu folgen. Obwohl auf dem Feld, auf dem wir gerade kämpfen, gar kein Gegner steht, boxen wir mit verdoppelter Energie in die Luft. Denken hilft uns wenig, wenn es doch gerade selbst das Problem ist. Diese Einsicht ist uralt. Seit Jahrtausenden haben sich in Asien Techniken etabliert und fortentwickelt, um Abstand zum Grübeln zu bekommen. Sie sind längst in der westlichen Welt angekommen und von der modernen Medizin und Psychologie entdeckt und kritisch beleuchtet worden.

6

ACHTSAMKEIT

Der Strom an Gedanken in unserem Kopf kennt keinen Stillstand, dieses Phänomen ist auch westlichen Psychologen nicht neu. Die meisten beratenden oder therapeutischen Methoden, die Einfluss auf unser Denken und Verhalten nehmen wollen, tun dies seit Sigmund Freud über den Weg des Sprechens. Die Psychotherapie, Coaching und Beratung sind »Redekuren«. Und da die Therapien und die Seelsorge ihre Herkunft in der Behandlung von Krankheiten oder Sünden haben, sind sie – auch das ist typisch westlich – auf negative Aspekte fixiert. Der Amerikaner Jack Kornfield kennt beide Welten: Er ist als promovierter klinischer Psychologe mit der modernen westlichen Wissenschaft vertraut und er hat viele Jahre als buddhistischer Mönch in Asien in Klöstern gelebt. In seinem Standardwerk zur buddhistischen Psychologie schreibt er: »Der Glaube an unsere begrenzte und armselige Persönlichkeit ist uns so sehr in Fleisch und Blut übergegangen, dass wir uns gar nicht vorstellen können, wie wir ohne sie auskommen sollten.« Es fällt den meisten Menschen leicht, 30 Minuten am Stück von ihren negativen Eigenschaften zu berichten; aber sprechen Sie einmal zehn Minuten nur davon, was Sie an sich liebenswert und wertvoll finden. (Mit so einer Übung können Sie Gruppen sehr verunsichern!) Im Gegensatz zur westlichen Psychologie geht das asiatische Modell von einem *edlen Kern* des Menschen aus. Es gibt aus dieser Sicht keine bösen Menschen, sondern nur böse Handlungen. »Wir sollten gegen schlechte Handlungen kämpfen, aber nicht gegen Menschen. Denn sonst sind wir nur noch damit beschäftigt, jeden zu verurteilen und zu verdammen, einschließlich unserer selbst«, schreibt Joko Beck. Eine große Rolle spielt die Kraft der Gedankeninhalte, darin ist sich die buddhistische Psychologie mit der westlichen Kognitionspsychologie einig. Beide gehen davon aus, dass das, woran wir denken, in unserem Kopf wächst. Positive Werte und Denkweisen stehen daher im Vordergrund – Glück, Achtsamkeit und Mitgefühl. Je mehr wir diese kultivieren, desto weniger Platz bleibt für Ängste, Gier und Wut. Und desto weniger leiden wir an Zerstreuung und Ablenkung. Achtsam zu sein bedeutet, sich *konzentrieren* zu können. Aber was steckt hinter dem Trendbegriff der Achtsamkeit?

ACHTSAM ZU SEIN BEDEUTET, SICH KONZENTRIEREN ZU KÖNNEN

Die Pali-Worte *sati* und *sampajañña* werden mit Gewahrsein, Umsicht, Bewusstheit, Wachheit oder Achtsamkeit übersetzt. Es geht darum, »sich ins Gedächtnis zu rufen, dass man umsichtig und bewusst auf das achtet, was in der unmittelbaren Erfahrung geschieht«, schreiben Shauna Shapiro und Linda Carlson in ihrem Buch über die *Kunst und Wissenschaft der Achtsamkeit.* Dabei geht es weniger um die Wahrnehmung der Welt da draußen, sondern vor allem um Selbsterforschung. »Beim Studium des Buddhismus ist die Absicht nicht, den Buddhismus zu studieren, sondern uns selbst«, schreibt Shunryu Suzuki. Und der Dalai Lama hält seine Religion vor allem für eine traditionelle *Wissenschaft des Geistes.* Der Blick wird daher nach innen gewendet: Nicht wie sich andere verhalten, sondern wie wir damit umgehen. Nicht, ob es regnet oder die Sonne scheint, sondern welche Gedanken und Gefühle das in uns auslöst. Nicht, ob ich froh bin oder traurig, sondern wie sich die Stimmungen in unserem Körper äußern … Unsere Gedanken verraten erst einmal etwas über unsere eigenen Denkmuster und weniger über die Realität. Ob Regen oder nicht, gute oder schlechte Stimmung, das Verhalten anderer Menschen – die Ereignisse stecken in uns als bloße Gedanken, und die haben zuerst einmal keine allzu große Bedeutung. Sie kommen, sind da und gehen wieder. Im Achtsamkeitstraining lernen wir die eigenen Persönlichkeits- und Denkmuster besser zu verstehen und können so Abstand zu ihnen bekommen. »Die innere Freiheit des Geistes zu erlangen ist Ziel und Zweck der Aberhunderten von buddhistische Lehren und Übungsmethoden. Jede dieser Methoden hilft uns, negative Muster, die zu Leiden führen, zu erkennen und loszulassen und sie durch positive Gewohnheiten zu ersetzen«, schreibt Jack Kornfield. Im Buddhismus steht daher die Selbsterforschung im

NICHT WIE SICH ANDERE VERHALTEN, SONDERN WIE WIR DAMIT UMGEHEN

Vordergrund. Als Religion der alltäglichen Dinge und der kontinuierlichen Übung haben sich über 2500 Jahre praktischer Erfahrungen menschlicher Selbsterkundung angesammelt. Die buddhistischen Lehren und Techniken sind für die westlichen Wissenschaftler ein Fundus an psychologischer Erfahrung. Achtsamkeitstechniken wirken auf nahezu alle Aspekte des Körpers und der Seele heilsam, dies ist vielfach experimentell nachgewiesen. Jon Kabat-Zinn, ein amerikanischer Medizinprofessor, hat großen Erfolg mit einer Klinik, in der alle Patienten und die Angestellten vom Arzt bis zum Hausmeister täglich meditieren müssen. Sein auf buddhistischen und indischen Achtsamkeitstechniken beruhendes Anti-Stress-Training MBSR (Mindfulness-Based Stress Reduction) gehört heute zu den verbreitetsten und erfolgreichsten Methoden in der (psycho-)somatischen Medizin. Wer übt, seine Aufmerksamkeit auf den eigenen Körper zu richten, trainiert nebenbei sehr viel mehr. »Auf der tiefsten Ebene geht es bei der Achtsamkeit um Freiheit: Freiheit von reflexartigen Mustern, Freisein von automatischen Reaktionen und schließlich Freiheit vom Leiden. Achtsamkeit vermag unsere Beziehung zu dem, was ist, zu wandeln. Als Folge daraus kann die Macht unserer unhinterfragten und stark konditionierten Muster allmählich abnehmen. (…) Wir sind in der Lage, mehr bewusste Entscheidungen zu treffen, geführt von einer Klarheit des Erkennens und einem tiefen Wissen, was wahr ist in uns. Und so beginnen wir, unseren Geist zu trainieren, dass er die Fähigkeit entwickelt, den Geist mit dem Geist zu beobachten. Und wir beginnen im gegenwärtigen Moment, denn das ist der einzige Ort, wo wir beginnen können«, schreiben Shapiro und Carlson.

AUF DER TIEFSTEN EBENE GEHT ES BEI DER ACHTSAMKEIT UM FREIHEIT

S. SHAPIRO / L. CARLSON

Der achtsame Wandel wird in vier Aspekte unterschieden. Jack Kornfield nennt sie: *1. Erkennen, 2. Akzeptieren, 3. Erforschen, 4. Nicht-Identifizieren.*

Wir können diese vier Schritte auf sehr vieles anwenden, was uns im Leben und während der Arbeit begegnet und herausfordert. Statt uns von den Problemen abzulenken, sollten wir uns in einem ersten Schritt bemühen, ihnen ins Auge zu blicken. Wir müssen erst einmal *erkennen,* um was es sich handelt. Das ist nicht immer angenehm, aber der einzige Weg. Wer seinen Ängsten und Konflikten permanent aus dem Weg geht, der trifft sie nur an einer anderen Stelle wieder. Und manche neigen sogar dazu, größer zu werden, je länger wir damit warten. Im Mittelpunkt des Lebens stehen Beziehungen: zu den Auftraggebern, zu Kollegen und Vorgesetzten, zu unserem Steuerberater, zu Partnern, Eltern und Kindern, zu Tieren, zu unserem Computer, dem Auto und öffentlichen Verkehrsmitteln, schließlich zu uns selbst. »Jeder Augenblick unseres Lebens ist Beziehung. Es gibt nichts als Beziehung. Es gibt nichts außer meinem In-Beziehung-Sein«, schreibt die amerikanische Zen-Meisterin Charlotte Joko Beck in ihrem Bestseller *Zen im Alltag.* Da wir an diese Beziehungen *Erwartungen* haben, sie sollen »funktionieren«, gehen sie ständig schief. Andere verhalten sich meist anders, als wir es uns vorstellen. Wir haben zu viele oder zu wenige Aufträge und die Auftraggeber verhalten sich »falsch«. Sie rufen uns ständig an, dabei wäre es viel angenehmer, wenn sie E-Mails senden würden. Die Deadline ist, wie so oft, viel zu früh. Partner und Kinder stellen Ansprüche an uns, und wenn wir ehrlich sind: wir stellen noch viel größere an sie. Der Computer geht kaputt. Der Zug kommt einfach nicht – obwohl doch gerade ich am Bahnsteig stehe und auf ihn warte! Hinter den täglichen Konflikten und Ärgernissen stecken oft andere Probleme. Wenn wir zur Ruhe kommen, wissen wir oft intuitiv, worum es eigentlich geht. »Das Erkennen eröffnet uns einen Ausweg aus dem Leugnen, das unsere Freiheit untergräbt. (…) Wann immer wir aber erkennen, was ist, stellt sich eine kraftvolle Offenheit ein«, schreibt Kornfield. Wenn wir Angst haben, sollten wir dazu stehen. Wenn wir verborgene Erwartungen haben, sollten wir sie aussprechen (allein, um sie zu prüfen). Offene Konflikte sind anstrengend, bieten aber – im Gegensatz zu den unterschwelligen, verdrängten – die Möglichkeit einer Lösung. Die Welt ist immer so, wie sie gerade ist. Wenn wir uns eingestehen, dass wir Angst haben, dass wir zweifeln, unsicher sind oder dass wir Fehler gemacht haben, dann sollten wir das in einem zweiten Schritt *akzeptieren.* All das gehört zum Leben und auch zum Arbeiten. »Wenn du begreifst, sind die Dinge so, wie sie sind. Begreifst du aber nicht, sind die Dinge immer noch so, wie sie sind«, zitiert Kornfield einen Zen-Spruch. Akzeptanz hat nichts damit zu tun, die Waffen zu strecken und aufzugeben. Ganz im Gegenteil: sie ist der Anfang, etwas verändern zu können. Die Probleme werden erträglicher, wenn wir aufhören, gegen sie anzukämpfen. Sie dürfen Angst haben, Sie dürfen Fehler machen, und wahrscheinlich ist es ein Kennzeichen großer Dummheit, wenn wir niemals zweifeln. Wo die Angst sitzt, da geht es lang! Stellen Sie sich ihr und sie ist nur noch halb so groß. Wirklich mutige Menschen können sich eingestehen, dass sie Ängste haben.

SIE DÜRFEN ANGST HABEN, SIE DÜRFEN FEHLER MACHEN, UND WAHRSCHEINLICH IST ES EIN KENNZEICHEN GROSSER DUMMHEIT, WENN WIR NIEMALS ZWEIFELN

Viele Menschen quälen sich permanent mit Warum- oder Sinnfragen, auf die es keine Antwort gibt. Aber es scheint sie zu beruhigen, wenn sie eine Zeit lang an die selbsterfundenen Begründungen glauben können. Das *Erforschen,* wie es im buddhistischen Denken vorgeschlagen wird, will unsere Probleme zwar *ergründen,* aber es will keine Warum-Fragen beantworten. Der Buddha erzählte dazu eine Geschichte: Wenn wir von einem Pfeil getroffen werden, gibt es zwei Arten, damit umzugehen. In der ersten, eher westlichen, wollen wir wissen, wer diesen Pfeil geschossen, warum er es getan hat, und wir wollen den Täter zur Strecke bringen – während wir selbst verbluten. Die zweite Variante: Wir ziehen den Pfeil heraus und versorgen die Wunde. Um unsere Probleme achtsam zu ergründen, sollten wir einfach beobachten: *Unter welchen Umständen taucht es auf, wie äußert es sich konkret körperlich und geistig, wie lange bleibt es und unter welchen Bedingungen verschwindet es wieder?* Es ist nicht sehr erhellend, etwas über die Motive der Menschen zu erfahren, die sich anders verhalten, als wir wollen. In einem komplexen Schienennetz, in dem pro Tag tausende Züge zugleich fahren, kommt es zu Verspätungen. Wenn eine Bahn defekt ist oder eine Oberleitung, dann hat dies Auswirkungen auf viele andere Verbindungen. Da es sich um Schienen handelt, können die anderen Züge nicht einfach auf der Überholspur das Problem umgehen. Oft gibt es keinen konkreten Schuldigen. Und wenn, ändert das die Stimmung am Bahnsteig auf einen Schlag. Die Durchsage, »wegen eines Personenschadens« komme es zu Verzögerungen, verkündet, dass sich wieder ein Mensch aus Verzweiflung das Leben genommen hat, indem er sich vor einen Zug warf. Für den Normalfall gilt: Die Menschen, die am Bahnhof stehen, als seien sie nur gekommen, um sich zu ärgern, sind ihrer eigenen Wut ausgeliefert. Und die ändert nichts an der Verspätung, sondern strapaziert die Nerven. Wir bemerken meist, wenn die Wut in uns aufsteigt. Achten Sie darauf, *wo genau* Ihre Wut sitzt. Ist es ein Druck im Kopf oder im Magen? Verspannen Sie sich oder möchten Sie irgendwo dagegenschlagen? Wie lange bleibt dieser Zustand? Ist er vorbei, wenn der Zug einfährt? Oder erst, wenn Sie in der Bahn ausgiebig am kollektiven Schimpfen teilgenommen haben? Jedenfalls geht die Wut wieder weg.

Finden Sie heraus, unter welchen Bedingungen sie verschwindet. Vielleicht, wenn Sie sich noch einen Kaffee holen, Sie haben schließlich etwas Zeit gewonnen. Oder wenn Sie einen spannenden Text in Ihrer Zeitung gelesen haben oder ein bestimmtes Musikstück anhören? Vielleicht bringt Sie ein Kind, das sich am Bahngleis witzig verhält, auf andere Gedanken. Oder es entsteht ein Gespräch mit einem interessanten Menschen. Zugverspätungen sollen schon Ehen gestiftet haben! Vielleicht sehen Sie am Himmel den Mond oder filigrane Wolkenformationen. Ärger, Wut, Zweifel und Ängste sind körperliche Zustände, auf die Sie Ihre Aufmerksamkeit richten können. Sie kommen, wie alle Gedanken, in Wellenbewegungen: sie entstehen, nehmen zu, kippen und verebben wieder. Eine wichtige Informationsquelle haben Sie immer dabei: Ihren Atem. Er wird schneller und flacher, wenn etwas los ist. Oft hilft es schon, wenn Sie zehn Mal tief durchatmen und die Wut ist nur noch halb so groß.

7

NICHT TADELN!

Der letzte Schritt des achtsamen Wandels ist der Verzicht auf Identifikation. Vereinfacht gesagt: Sie sollten, was Sie erkannt haben, nicht bewerten. Dies trifft vor allem auf Sie selbst zu – wenn Sie mit etwas scheitern, kein Geld haben, krank werden oder blockiert sind: das sind zuerst einmal herausfordernde und schmerzliche Ereignisse, die für sich genommen weder gut noch schlecht sind. Sie sind einfach Teil des real existierenden

Lebens, und das hat kein Interesse daran, Sie persönlich zu beleidigen. Egal was geschieht: Sie sind damit nicht persönlich gemeint! »Langsam, Tag an Tag, reihen sich aneinander – vergangene Dinge«, heißt es in einem Gedicht von Yosa Buson. Selbst wenn Sie auf einen Kollegen treffen, der Sie wild beschimpft, dann sagt das vor allem etwas über diesen wütenden Menschen, aber nichts über Sie. Da war ein Mensch mit viel Wut und Sie standen in seiner Schusslinie. Mehr nicht. All diese weltlichen Phänomene machen nur gerade Halt bei Ihnen. Morgen sind sie schon woanders. Es regnet heute. Und vielleicht regnet es drei Tage am Stück. Danach wird die Sonne scheinen, sie ist konstant hinter der Wolkendecke verborgen, aber sie ist da. Es ist unwahrscheinlich, dass wir immer nur Erfolg haben oder immer nur Misserfolg. Die Ereignisse unseres Alltags »sind objektive Gegebenheiten in der Welt. Sie haben kein Interesse daran, uns zu helfen oder zu schaden. (…) Über die Umstände, die wir in der Welt vorfinden, brauchen wir uns keine Gedanken zu machen, vielmehr sollten wir dann, wenn sie sich ereignen, realistisch damit umgehen. Befassen wir uns mit dem einen Problem, das jetzt vor uns liegt, dann können wir anschließend weitermachen und uns dem nächsten Problem widmen und damit fertig werden. Auf diese Weise lassen sich unsere Probleme lösen, eines nach dem anderen. Einen anderen Weg gibt es nicht«, schreibt der Zen-Meister Gudo Wafu Nishijima in einem berühmten Kommentar. Dabei sollten wir nicht die Hoffnung haben, die Kette an großen oder kleinen Problemen würde enden. Es kommt einfach immer das nächste und wir werden nie fertig damit werden. Wir sind zwar unseren Gefühlen oft ausgeliefert, aber es gilt der Satz von Andreas Knuf: »Du *bist* nicht dein Gefühl, sondern du *hast* ein Gefühl.« Wir sind oft mit unseren Problemen zu stark identifi-

DU BIST NICHT DEIN GEFÜHL, SONDERN DU HAST EIN GEFÜHL

A. KNUF

ziert, so dass wir keinen Abstand dazu gewinnen können. Die Übung, sich damit nicht völlig zu identifizieren, bringt die Probleme aber wieder auf Abstand. Dadurch werden sie zum einen kleiner, zum anderen auch gewöhnlicher. Ayya Khema schlägt deshalb ein Vorgehen in drei Schritten vor: Zuerst sollten wir die Probleme *erkennen.* Dann sollten wir sie *nicht bewerten!* Und schließlich sollten wir handeln und etwas *verändern.* Erkennen – nicht bewerten – ändern! Wie lässt sich das lernen?

8

MEDITATION, EINE FEUERPAUSE FÜR DEN KOPF

Heilsam sind Übungswege, die helfen, Gedanken loszulassen und sich selbst besser kennenzulernen. Viele treiben die Rückenschmerzen in Yoga-, Qigong- oder TaiChi-Kurse, vielen stressgeplagten Menschen wird Meditation nahegelegt. Nach einer gewissen Zeit stellen sie aber fest, dass es sich dabei nicht einfach um Gymnastik oder Entspannungstechnik handelt, sondern um viel mehr. Die Übungen erfordern ein hohes Maß an Achtsamkeit und helfen, sich mit dem eigenen Körper wieder zu verbinden. Auch die inzwischen gut erforschten Wirkungen

FÜR DIE BEFREIUNG AUS DEM EIGENEN GEDANKENKÄFIG GIBT ES WEDER SCHNELLE TRICKS NOCH MEDIKAMENTE

buddhistischer Meditation, vor allem der anerkannten Schulen (Zen, Tibet, Theravada) sind hilfreich, innere Begrenzungen und Ängste zu überwinden. Für die Befreiung aus dem eigenen Gedankenkäfig gibt es weder schnelle Tricks noch Medikamente. Unsere Denkmuster und Gefühlsreaktionen sind stabil und sie sind über unser ganzes Leben entstanden; nichts verändert sie schnell. Gefühle sind übrigens, so beschreibt es Andreas Knuf, nicht einfach Reaktionen auf äußere Ereignisse: »Meist waren es unsere Eltern oder andere enge Bezugspersonen, von denen wir unsere typischen Reaktionsmuster übernommen haben. Wer eine ängstliche Mutter hatte, reagiert im späteren Leben selbst schnell mit Angst. Wer einen jähzornigen Vater hatte, hat sich vielleicht selbst schon bei einem plötzlichen Wutausbruch ertappt. Dies ist noch ein Grund mehr, auch Gefühle beobachten zu lernen und sich nicht von ihnen überrollen zu lassen. Wem ist gedient, wenn wir in Gefühlen gefangen sind, die eigentlich gar nicht uns gehören, sondern von anderen Personen kopiert sind.«

Die kontinuierliche Übung der Meditation hat positive Nebenwirkungen. Menschen, die ihre eigenen Gedanken oder Gefühle zu ernst nehmen, sind ihnen ausgeliefert. »Was das Leben so erschreckend macht, ist die Tatsache, dass wir uns unter dem Schutt unserer chaotischen Gedanken begraben lassen. Wir sollten das nicht tun. Bitte üben Sie wirklich«, sagte Charlotte Joko Beck in einem Lehrvortrag während eines Meditationskurses. Auf die chaotischen Gedanken folgen nämlich Emotionen, zu denen dann oft kein Abstand mehr möglich ist. Es geht bei geistigen wie auch körperlichen Meditationsformen darum, Denken und Körper weich und geschmeidig zu machen. Solche

Übungen haben positive Auswirkungen auf zu viel Grübeln, wenn man sie kontinuierlich ausführt und zur Gewohnheit werden lässt. In der Meditation spielt die korrekte Haltung im (halben) Lotussitz eine wichtige Rolle, meditiert wird vor allem mit dem Körper. Daher ist es wichtig, in einer seriösen Meditationsschule dazu angeleitet zu werden. Sie können weder Yoga noch Sitzmeditation (Zazen) aus einem Buch oder durch Lehrfilmchen lernen. Es handelt sich um viel mehr als um Konzentrationsübungen und nur nachrangig um Entspannungstechniken. Seriöse Meditationstechniken sind kein autogenes Training und sie sind auch nicht mit dem »Abschalten« zu vergleichen, das wir beim Sport erleben. (Auf diese Idee kommen leider viele Menschen.) Wer seine Aufmerksamkeit auf den Atem richtet und versucht, seine Atemzüge bis zehn zu zählen, wird bemerken, wie schnell er abschweift. Ständig kommen Gedanken, unser Geist produziert sie laufend. In der Meditation können wir lernen, diese Gedanken von außen zu betrachten und sie loszulassen. Es geht dabei nicht darum, die eigenen Denkmuster abzuschaffen. Sie werden sich nicht oder nur langsam verändern. Aber wir *durchschauen* die eigenen Gefühls- und Denkstrukturen nach einer Zeit, und dies schafft viel Freiheit. Wir wissen, mit welchem Kopf wir es zu tun haben! Wer das immer wieder übt, wird ruhiger, freier und kann die Konzentration länger halten. Unser Kopf produziert die Denkmuster, in denen wir gefangen sind. Da unsere Gedanken etwas über unser Denken sagen und weniger über »die Realität«, ist es ratsam, die eigenen Reaktionsmuster kennenzulernen. Andreas Knuf empfiehlt, die aufkommenden Gedanken in drei Schubladen einzusortieren: in *Vergangenheit, Zukunft* und *Unsinn*. Man wird schnell bemerken, dass kaum ein quälender Gedanke übrig bleibt. Der Gedankenstrom wird niemals aufhören, das Gehirn denkt nun mal – aber das Loslassen wird einfacher. Wir sind den eigenen Gefühlen und Impulsen nicht mehr so unmittelbar ausgeliefert – *wenn wir kontinuierlich üben.* Erwarten Sie von Meditation oder Yoga keine unmittelbaren Wirkungen, beides sind spirituelle Wege, die ihre Nebenwirkungen langsam, dafür aber bleibend entfalten. Für viele Menschen ist die tägliche Meditation (vor dem Frühstück oder abends) die einzige Zeit, von der sie gerade nichts Nützliches oder Konkretes erwarten. »Wir machen uns unseren Stress selbst. Wir laufen um die Wette, strecken uns, um zu sehen, wer der Längste ist. Wir müssen uns von diesem Wettbewerb verabschieden, eine Pause einlegen.« Die Meditation müsse wie eine »Feuerpause im Leben« sein, schreibt der Zen-Meister Kodo Sawaki. Meditationstechniken sind auch keine Kreativitätstechniken: sie sind der einzige Weg, die Käfige im eigenen Kopf zuerst einmal zu erkennen und dann langsam die Stäbe zu lockern. Wer sich konzentrieren kann, seine eigenen Verhaltensmuster kennt, ihnen aber nicht ausgeliefert ist, und wer achtsam agiert, der ist freier. Und der entfaltet, ohne dafür aggressiv oder trotzig agieren zu müssen, ein hohes Maß an kreativem Störpotenzial. Für den Ausbruch aus dem Käfig ist also kein Brecheisen nötig, sondern tägliche Übung. Der Vorteil an den asiatischen Kampf- und Meditationswegen ist, dass sie ungeheuer praktisch und auf den Alltag ausgerichtet sind. Sie müssen weder an etwas glauben, noch müssen Sie viel darüber wissen. Sie müssen es einfach tun! Probieren Sie es aus und stellen Sie sich nicht die Frage, ob sie meditieren sollen oder nicht. Zazen bedeutet, mit den Ausreden aufzuhören, uns nicht mehr zu rechtfertigen, ja, einfach einmal nicht zu reden – weder äußerlich, noch innerlich. »Üben ist etwas sehr einfaches. Das heißt aber nicht, dass es Ihr Leben nicht vollkommen auf den Kopf stellen wird. (…) Das Sitzen ist im Grunde Raum für das Einfache. Unser tägliches Leben ist in unaufhörlicher Bewegung:

FÜR DEN AUSBRUCH AUS DEM KÄFIG IST ALSO KEIN BRECHEISEN NÖTIG, SONDERN TÄGLICHE ÜBUNG

Immer ist irgendetwas los (...). Meditation dreht sich nicht um einen Zustand, sondern um den Meditierenden selbst. Es geht dabei nicht um irgendeine Aktivität oder darum, etwas festzuhalten, etwas zu erreichen. Es geht um uns selbst«, schreibt Joko Beck. Gehen Sie zu einer Einführung und halten Sie es sechs Wochen durch, ohne zu überlegen, ob es gut ist oder nicht. Und erst danach fällen Sie Ihr Urteil und entscheiden, ob Sie weitermachen wollen. Das ist die einzige Möglichkeit, um herauszufinden, ob das Ihr Weg ist und welche Nebenwirkungen er auf die Kreativität hat. John Daido Loori genießt als Fotograf und als Zen-Meister hohes Ansehen. Er schreibt in *Das Zen der Kreativität:* »Der Punkt der Stille ist das Herz des kreativen Prozesses. Im Zen finden wir durch Zazen (Sitzmeditation) den Zugang zu ihm. Der stille Punkt ist wie das Auge eines Wirbelsturms. Still, ruhig, selbst mitten im Chaos. Viele glauben, dass es sich dabei um eine Leere handelt, in der die Welt ausgeschlossen wird, aber das stimmt nicht. Still zu sein heißt, sich leer zu machen von dem unablässigen Strom der Gedanken und in ein Bewusstsein einzutreten, das offen und empfänglich ist. Stille ist ganz natürlich und unkompliziert. Sie ist in keinster Weise esoterisch – und doch ist sie unglaublich bedeutungsvoll.«

4

VER-ZWEIFLUNG

1

UNZUFRIEDEN MIT SICH UND DER WELT

Sie sitzen am Strand in einer traumhaft schönen, sommerlichen Bucht und schauen auf den Atlantik, auf der Haut spüren Sie den Meereswind. Die Welt zeigt sich von ihrer Sonnenseite. Und doch: Sie sind unzufrieden und frustriert. In Ihrem Kopf lärmen die Sorgen um die berufliche Zukunft, Konflikte mit Kollegen oder Auftraggebern. Irgendeine Kleinigkeit in Ihrem Hotel stört Sie. Der Kaffee könnte besser sein, auf dem Frühstücksbuffet gibt es kein Nutella. Sie ärgern sich gleich doppelt: Warum verfolgen Sie gerade jetzt negative Gedanken? Dabei könnte alles so schön sein, eigentlich *ist* ja auch alles schön. Ihr Kopf gibt keine Ruhe und Sie gehen frustriert ins Hotelzimmer.

Während wir in Situationen der Anspannung oft natürlicherweise beginnen zu kämpfen und Energie zu mobilisieren, befällt uns schnell die Unzufriedenheit, wenn wir das »Schlachtfeld« verlassen haben. Freizeit zu haben bedeutet leider nicht automatisch, die verdiente Freiheit positiv zu erleben. Unter allen Rahmenbedingungen kann sich Verzweiflung einstellen. Und je paradiesischer sich uns die Welt präsentiert, desto stärker sucht unser Kopf nach Zielen für seine Nörgelei. Unser Gehirn scheint nicht dafür gemacht zu sein, sich entspannt in eine Hängematte zu legen; es kennt leider keinen natürlichen Ruhezustand. Bevor es anfängt sich zu langweilen, weil einfach alles gut ist, erfindet es Probleme. Sogar, wenn wir schlafen, ist es pausenlos aktiv. Gehirne von Kreativen haben eine erhöhte Anfälligkeit für Verzweiflung, da sie pausenlos Probleme höchster Komplexität lösen. Während die meisten Berufsgruppen damit beschäftigt sind, klar umrissene und vorgegebene Aufgaben zu lösen, stehen Kreative oft vor Herausforderungen, bei denen nicht einmal klar ist, wo genau das Problem liegt. Sie suchen und finden Probleme, für die sie dann visuelle, sprachliche oder materielle Lösungen erarbeiten. Kreative müssen unzufrieden sein mit dem, was bereits existiert – aber zu keiner Zeit war die Schöpfung eine leichte Tätigkeit. Schon die Suche nach Problemen kann mühsam sein, aber die *Realisierung* der erdachten Lösungen gleicht einem Hindernislauf. Es ist die Realisierungsphase, in der viele scheitern und in der Frustration uns die Energie raubt. Geniale Gestalter zeichnen sich nicht dadurch aus, dass sie auf Anhieb die besten Ideen umsetzen, sondern sie sind Meister des Durchhaltens und Neubeginnens. Sie sind fähig, sich von Frustration antreiben, aber nicht niederstrecken zu lassen. Der Anteil derer, die an sich und der Welt leiden, ist wahrscheinlich höher als in der Welt der Gabelstaplerfahrer oder Steuerberater. Aber dieses innere Leid kann antreiben, wenn es nicht so drastisch wird, dass es nur noch lähmt. Das Spektrum reicht von leichter Frustration bis hin zu schweren depressiven Erkran-

GEHIRNE VON KREATIVEN HABEN EINE ERHÖHTE ANFÄLLIGKEIT FÜR VERZWEIFLUNG, DA SIE PAUSENLOS PROBLEME HÖCHSTER KOMPLEXITÄT LÖSEN

kungen. Wer sich die Filme von Ingmar Bergmann, Andrei Tarkowski oder Lars von Trier anschaut, der ahnt, von welchen Gefühlen und Gedanken diese Männer gequält wurden oder werden.

Kreativität besteht »nicht zuletzt darin, die Dinge ein bisschen anders zu sehen und zu erleben als üblich«, schreibt der Wissenschaftsjournalist Bas Kast. Gefühle und Intuition spielen dabei eine entscheidende Rolle – und daher sind extreme Gefühlsschwankungen bei Kreativen häufig zu finden. Die Geschichte der Kreativität ist durchzogen von Depression, Drogen und Suizid. In einer extremen Form ist es der »bipolare Wechsel zwischen Manie und Depression, der die Kreativität auf Trab bringt«, schreibt Kast. Manische Phasen sind gekennzeichnet von höchster Kreativität, auf die allerdings eine enorme Erschöpfung folgt. Dieser Wechsel ist wohldosiert ein ganz gewöhnlicher und als positiv empfundener Prozess: auf Anstrengung und Produktivität folgen Entspannung und Erholung. In einer extremen Form schöpferischer Arbeit kann er allerdings aus dem Ruder laufen.

2

SCHLECHTE ZEITEN FÜR GUTE STIMMUNG

Seit der Renaissance wird der Mensch immer freier – und immer trauriger. Die Anzahl der Selbstmorde steigt weltweit an. Depressionen sind eine der häufigsten Erkrankungen und Millionen Menschen, nicht nur in den USA, nehmen verschreibungspflichtige Antidepressiva. Die Gründe dafür liegen aber keineswegs nur in unserem Kopf. Während der Mensch im Mittelalter seinen festen Platz zugewiesen bekam, können und müssen wir uns diesen heute erarbeiten. Aber auch, wer wir als Mensch sind, ist nicht mehr natürlich oder göttlich festgelegt. Wir müssen uns als Individuum erst einmal selbst erschaffen. Unsere Kultur verlangt lebenslange Arbeit an uns selbst. Wir sind scheinbar unfertig und somit verantwortlich, an uns zu arbeiten. Die Gemeinschaft hilft uns dabei nur selten, der Zeitgeist verlangt, dass wir *individuell* vorgehen. Nur, was kann das bedeuten? Wir sind heute umgeben von Men-

UNSERE KULTUR VERLANGT LEBENSLANGE ARBEIT AN UNS SELBST

schen, die alle zuerst einmal beweisen müssen, dass sie Individuen sind. Aber wenn *alle* gezwungen sind, sich abzugrenzen und einzigartig zu erscheinen, entsteht eine verzwickte Situation. Und diese Paradoxie verursacht Leidensdruck.

Neulich sah ich in der Auslage eines kleinen Schneiders ein Schild: »Morgens sind alle Menschen gleich. Dann ziehen sie sich an.« Auf eine amüsante Art fasst der Spruch zusammen, was die italienische Soziologin Elena Esposito über die »Verbindlichkeit des Vorübergehenden« geschrieben hat: Die Mode ist es, die uns hilft, individuell zu erscheinen, indem wir paradoxerweise tun, was alle tun: ihr zu folgen, bis die nächste kommt. Unsere Individualität, wenn es sie denn überhaupt gibt, ist nämlich unsichtbar. Kleidung dagegen ist sichtbar! Und als das wichtigste Signalsystem unseres Alltags erzeugt unsere zweite Haut die Illusion, man könne von außen sehen, was für ein Mensch wir sind. Die Mode ist so kreativ und erfolgreich, weil das auch weitgehend funktioniert: Das erste Urteil über Menschen fällen wir aufgrund ihrer Kleidung, wir erkennen zumindest grob die Berufsgruppe und schon etwas genauer das Milieu. Wer einmal die verschiedenen Spielplätze einer Stadt erkundet, wird feststellen, wie früh deutliche Unterschiede der Milieuzugehörigkeit über das Ausstaffieren der Kleinsten markiert werden. Hinzu kommt, dass sich Spiegel in den letzten 200 Jahren allmählich in allen Schichten durchgesetzt haben. Hängen Sie einmal für nur einen Tag alle Spiegel in ihren Wohnung ab und Sie werden bemerken, welche ungeheure Macht dieser scheinbar belanglose Gegenstand über Sie hat. Verlassen Sie jemals morgens das Haus, ohne in den Spiegel geschaut zu haben? Der Philosoph Peter Sloterdijk sagte einmal, seit sich die Spiegel durchgesetzt haben, bräuchten wir eigentlich keine Diktatoren mehr – die Kontrolle übernehmen wir nun selbst, indem wir uns jeden Morgen kritisch mustern. Der Blick in den Spiegel kann zur Qual werden. Der Zen-Meister

Thich Nhat Hanh empfiehlt, diese Selbstkontrolle in die Gegenrichtung zu nutzen: »Wann immer Ärger und Wut in Ihnen aufsteigen, sollten Sie einen Spiegel nehmen und sich darin anschauen. Wenn Sie wütend sind, sehen Sie nicht besonders schön aus und sind nicht gerade präsentabel. Hunderte von Muskeln in Ihrem Gesicht spannen sich stark an. Ihr Gesicht sieht aus wie eine Bombe kurz vor der Explosion. (...) Tragen Sie einen Spiegel bei sich und schauen Sie hinein, um Ihre Verfassung zu überprüfen. Nachdem Sie ein paarmal ein- und ausgeatmet haben, ist die Spannung gelöst, und Sie empfinden eine gewisse Erleichterung.« Der innere Kontrollzwang kann also vielleicht auch dazu dienen, Sie vor unnötiger Wut zu schützen.

Der französische Soziologe Alain Ehrenberg sieht unsere Gegenwart als eine Zeit, »die jeden zu persönlicher Initiative auffordert: ihn dazu verpflichtet, er selbst zu werden«. Während Menschen früher eher kontrolliert, zensiert und durch drakonische Strafen zur Disziplin gezwungen wurden, so unterliegen wir heute dem Zwang individuelle Entscheidungen zu treffen und selbst die Initiative zu ergreifen. »Die Person wird nicht länger durch eine äußere Ordnung (...) bewegt, sie muss sich auf ihre inneren Antriebe stützen, auf ihre geistigen Fähigkeiten zurückgreifen. (...) Die Begriffe *Projekt, Motivation* und *Kommunikation* sind die beherrschenden Werte unserer Kultur. Sie sind Losungen der Epoche«, schreibt der Soziologe. Diese drei Leitbegriffe sind allgegenwärtig in den Ateliers, Agenturen und Büros der Kreativbranche! Dabei geht es natürlich um ständige Verbesserung. Etwas neu zu gestalten bedeutet, es besser zu machen. Peter Sloterdijk formuliert daher einen kategorischen Imperativ des Designs: »Präsentiere deine Erscheinung auf dem Gütermarkt immer so, dass das Motiv deines Daseins jederzeit als Ausdruck und Anreiz des Strebens nach Besserung verstanden werden könnte.« In der Moderne hängt also nicht nur die Wirtschaft, sondern auch die

Kreativität der fatalen Idee eines grenzenlosen Wachstums an. Und nicht nur unsere Produkte müssen vollkommener werden, sondern auch wir selbst. Nicht nur unsere Aufträge, sondern *auch uns selbst* sehen wir als ein Projekt. Die Freiheit erzeugt einen immer größeren Druck, Peter Sloterdijk findet, dass »der Unterschied zwischen denen, die etwas oder viel aus sich machen, und denen, die nichts oder wenig aus sich machen, immer auffälliger« wird. Das Ergebnis ist eine zunehmende Erschöpfung, weil wir uns permanent anstrengen müssen, wir selbst zu sein und individuell zu erscheinen. Diesem unerbittlichen gesellschaftlichen Druck sind Kreative – die origineller erscheinen sollen als andere – stark ausgesetzt. Diese kulturellen Zwänge sind schwer zu durchschauen. Im Alltag scheinen sie unsichtbar, weil wir nicht ständig darüber nachdenken können, sondern mit den praktischen Herausforderungen beschäftigt sind. Wir müssen jeden Morgen aufstehen, arbeiten und leben. Dennoch äußern sie sich in der Form von schlechter Stimmung. Die dunklen Gefühle folgen jedoch einer Logik, und ein Blick auf sie ist hilfreich.

—

DAS ERGEBNIS IST EINE ZUNEHMENDE ERSCHÖPFUNG, WEIL WIR UNS PERMANENT ANSTRENGEN MÜSSEN, WIR SELBST ZU SEIN

—

3

IM TUNNEL DÜSTERER STIMMUNG

Unsere Gedanken sind für andere Menschen unsichtbar, aber unsere Gefühle äußern sich körperlich. »Sie setzen andere davon in Kenntnis, was *in uns* geschieht«, schreibt der Emotionsforscher Paul Ekman. Die Ursachen für unsere Gefühle sind meist schwer nachzuvollziehen, Gedanken können ein Auslöser dafür sein, aber oft kommen sie auch aus dem Nichts. Kleine, unbedeutende Ereignisse können starke Emotionen auslösen. Wer einmal mit dem falschen Fuß aufgestanden ist, der weiß, dass es Tage gibt, an denen unsere Stimmung sich verdüstert, obwohl sich kein äußerer Anlass findet. An manchen Tagen ärgert uns der Regen oder dass wir morgens frieren, an anderen führt das einfach dazu, dass wir den Regenschirm nehmen und einen dickeren Pulli überziehen, ohne dass unsere Stimmung davon berührt würde. Die Ereignisse an sich enthalten viele kleine Impulse, die unsere

Gefühle aktivieren können, aber nicht müssen. Diese emotionalen Reaktionsmuster sind von der frühen Kindheit an gelernt, oft kennen wir sie gar nicht. Sie stammen jedenfalls nicht von uns selbst, sondern sind »Kopien« unserer Umwelt. Paul Ekman definiert Gefühle als *kurze* Zustände, die mit einer Reihe von Empfindungen einhergehen. Emotionen können aber auch zu Stimmungen werden, die *langanhaltend* sind. Große Niedergeschlagenheit, aber auch andere Gefühle, filtern unser Wissen und unsere Wahrnehmung. Wir gelangen in einen Zustand, »in dem wir uns nur an bestimmte Informationen erinnern können, die zur Emotion passen«, schreibt Ekman. Wenn also morgens das Nutella-Glas leer ist und so unsere Frühstücksroutine gestört wird, kann die kurze Frustration ganz irrationalerweise zu einer längeren düsteren Stimmung werden, für die unsere verzerrte Wahrnehmung schnell alles Nötige zusammenfantasiert: Uns passt das Wetter nicht, die Menschen schauen unfreundlich, die Bahn ist zu voll und das erste Klingeln des Telefons im Büro nervt uns. In unserer Kleidung fühlen wir uns unwohl. Der Auslöser ist längst völlig unbedeutend für unsere schlechte Stimmung geworden. »Wir sehen die Welt nicht so, wie wir sie sehen würden, wenn wir nicht in dieser Stimmung wären. Sie verzerrt unsere Reaktionen und engt sie ein«, schreibt Paul Ekman. Wer zum Grübeln neigt, bekommt schneller schlechte Laune, und der Zweifel, das Kreisen der Gedanken verstärken Ängste. Kreative, die viel Einsamkeit brauchen, um ihrer Arbeit nachzugehen, sind oft ins Homeoffice, in Büros oder Ateliers »eingeschlossen«. Ohne soziale Kontakte kann man sich schwerer von düsteren Stimmungen befreien, weil uns keiner von uns selbst ablenkt. Wir sind allein unserer »Selbstbeurteilungssucht« ausgeliefert, einem heimtückischen Denkmuster, das wir nur schwer loswerden. »Diese Überzeugungen sind immer negativ gefärbt, sie gleichen einer dunklen Brille, durch die wir die ›Realität‹ interpretieren«, schreibt Ezra Bayda in seinem Buch *Zen oder die Kunst, einen Weg aus den*

UNSERE SELBST-ABWERTENDEN URTEILE AKZEPTIEREN WIR ALS WIRKLICHKEIT

Sümpfen des Alltags zu finden. Unsere selbstabwertenden Urteile akzeptieren wir als Wirklichkeit, und so erscheint unser Leben als »unbefriedigendes Puzzle. (…) Diese Negativfilter, die Ergebnisse von unerfreulichen Erfahrungen in der Vergangenheit, gestalten unsere Wirklichkeit, auch wenn sie sie weder unmittelbar noch akkurat wiedergeben«, schreibt Bayda. Insgesamt gehört das psychologische Alltagsphänomen zu einem weit größeren Missverständnis: Wir nehmen unsere Gefühle so wichtig, dass wir von ihnen abhängig werden. Wir nehmen oft unsere Befindlichkeiten und auch uns selbst viel zu wichtig.

TRAURIGKEIT ALS ÜBERWINDBARES LASTER

In der christlichen Tradition gehört die Traurigkeit zu den grundlegenden Lastern, an denen der Mensch zu leiden hat, an deren Überwindung er aber arbeiten kann. Sie ist oft verbunden mit einer idealisierenden Sicht der Vergangenheit. Auch der Vergleich mit anderen – natürlich zu unseren Ungunsten – nährt die Frustration. Unter Laster verstehen die Mönche acht menschliche Eigenschaften, die von Gott wegführen. Zu ihnen gehören neben der Traurigkeit die Völlerei (Maßlosigkeit beim Essen), Geldgier, Zorn, Trägheit, eitle Ruhmsucht, Unkeuschheit und Stolz. Diese Liste enthält interessanterweise die Stimmungen, die uns bis heute quälen und versammelt zugleich die typischen Konzentrationskiller. Die Liste zeigt auch, dass wir geneigt sind, zu schnell »den Medien« die Schuld an unserer Zerstreuung zu geben! Dabei können wir weder nach einem zu üppigen Essen, in träger Verfassung, voller Wut, geblendet vom Stolz, versunken in der Traurigkeit oder verfolgt von Gewissensqualen konzentriert arbeiten. In einem nützlichen Bild, das auch der tibetische Buddhismus kennt, werden die Laster als Dämonen bezeichnet. Schon im frühen Mittelalter entdeckte man den »Mittagsdämon«, die Trägheit (Akedia), die auch heute noch jedem bekannt ist, der gewöhnlichen Arbeitszeiten folgt. Die Acht-Laster-Lehre ist diesbezüglich erstaunlich alltagsnah. Psychologisch raffiniert ist diese alte Lehre, weil es unerwünschte Gedanken auf Distanz bringt, wenn wir ihnen einen Namen geben. Versuchen Sie es: Machen Sie aus Ihrer Traurigkeit oder aus dem Perfektionismus eine Figur in Ihrem Kopf. Wie sieht er/sie aus? Geben Sie den Dämonen Namen und treten mit ihnen in ein Gespräch ein: Manchmal lassen sie sich durch eine klare Ansage verbannen.

KEIN MENSCH ENTGEHT DER TRAURIGKEIT, SIE IST BESTANDTEIL JEDEN LEBENS

Kein Mensch entgeht der Traurigkeit, sie ist Bestandteil jeden Lebens. Entscheidend ist, wie wir sie annehmen und mit ihr umgehen. Sie kann, ebenso wie Ängste, in wohldosierter Form sogar produktiv sein. Lars von Trier sagte einmal, er kuriere mit seinen Filmen die eigenen Depressionen. Psychologen empfehlen nicht mehr durchgängig den Versuch, einen negativen Gedanken einfach durch einen positiven zu ersetzen. Das mag bei kleineren Übeln helfen und ist einen Versuch wert, aber diese Methode sollte nicht dazu führen, dass wir die negativen Seelenanteile in uns unterdrücken. Sigmund Freud wies darauf hin, dass Unterdrücktes mit größerer Kraft wiederkehren kann. Es ist also sinnvoll, sich auch den unerwünschten Stimmungen zu stellen. Aber wie?

Zuerst sollten wir prüfen, ob es sich tatsächlich um eine Form der Traurigkeit handelt, die wir mit einfachen Mitteln überwinden können. Über die meiste Zeit der westlichen Geschichte und in den asiatischen Kulturen war und ist es nicht angebracht, zügellos seine Emotionen oder Stimmungen auszuleben. Der Soziologe Richard Sennett sah, dass die förmliche Öffentlichkeit, die bestimmte Verhaltensregeln kennt, aber zunehmend verfällt und es zu einer »Tyrannei der Intimität« kommt. Wer öffentliche Verkehrsmittel nutzt, der kann die unerfreuliche Nutzung von Mobiltelefonen nur bestaunen und er hat einen Beleg für Sennetts Thesen. Die Liebesdramen und Krankengeschichten, denen wir unfreiwillig lauschen müssen, zwingen zum Fremdschämen. Etwas Ähnliches könnte man für leichte Verstimmtheiten sagen. »Heute ist es modern, frustriert zu sein und seinen Frustrationsgefühlen nachzuhängen, so dass sie jeder einem schon am Gesicht ablesen kann«, schreibt Anselm Grün. Nun ist es mit kleineren Übeln oft so, dass sie sich verstärken, wenn wir anfangen, sie zur Schau zu stellen. Wir werden umsorgt, und das macht uns träge. »In der Traurigkeit bemitleiden wir uns selbst und kreisen nur noch um unsere eigenen Probleme, ohne dass wir uns wirklich helfen lassen. Letztlich genießen wir unsere Traurigkeit, wir halten an ihr fest, wir brauchen sie, um uns nicht ändern zu müssen«, schreibt Grün. Eine solche egozentrische Stimmung ist nah verwandt mit Ärger, Lustlosigkeit und Trägheit. Es lohnt sich, die eigenen Verstimmungen, deren Ursache wir nicht kennen, einmal genauer zu betrachten. Viele Leiden haben den Ursprung im nicht eingestandenen Ehrgeiz. »Die Ursache für die Traurigkeit sind meist zu hohe Erwartungen an sich selbst und an seine Umwelt. Man ist unersättlich in seinem Wunsch nach Erfolg und Besitz, nach Zuwendung und Anerkennung. Weil die übertriebenen Wünsche nicht erfüllt werden, zieht man sich gekränkt, beleidigt, frustriert in die Traurigkeit zurück, um sich so die Zuwendung von den Mitmenschen zu erzwingen«, schreibt der Benediktiner-Mönch.

—

HEUTE IST ES MODERN, FRUSTRIERT ZU SEIN

A. GRÜN

—

—

VIELE LEIDEN HABEN DEN URSPRUNG IM NICHT EINGESTANDENEN EHRGEIZ

—

5

DIE LOGIK DER NEGATIVEN GEDANKEN

Jede unterdunkelte Stimmung hat einen Anfang. Zuerst ist es gar nicht die frühe Emotion selbst, die zur Frustration führt, sondern unsere heftige Reaktion darauf. »Traurigkeit selbst ist nicht das Problem – diese ist ein natürlicher, unvermeidbarer Bestandteil des Lebens. Vielmehr sind es die harten, negativen Auffassungen über unsere eigene Person«, schreiben Mark Williams, Professor für Klinische Psychologie an der Oxford-University und seine Mitautoren. Menschen in depressiven Phasen leiden an abwertenden Gedanken, die automatisch in ihrem Kopf auftauchen, ohne verscheucht werden zu können. Dabei spielen die tatsächlichen Ereignisse oft keine herausragende Rolle. Es kommt darauf an, *wie* wir die Fakten des Alltags interpretieren. Düster gefärbte *Interpretationen* des Erlebten erzeugen erst die depressiven Emotionen und Stimmungen, in die man eingeschlossen bleibt. Die Tatsachen werden verwechselt mit den *Gedanken,* die wir uns über sie machen. »Wir erklären uns ständig die Welt und reagieren emotional auf diese Erklärungen anstatt auf die Fakten«, schreibt der Psychologe. Nun gibt es verschiedene Möglichkeiten, diese falschen Interpretationen zu verändern: entweder durch Versuche der Gedankenkorrektur oder, wahrscheinlich noch wirksamer, durch Alternativen zum Grübeln selbst. Je mehr wir gedanklich strampeln, um uns aus der Dunkelheit herauszuarbeiten, desto tiefer versinken wir im Sumpf des Denkens. Aber wir bestehen nicht nur aus einem Kopf, eine andere Ressource lässt sich nutzen: unser Körper. Depressionen sind kognitiver Natur, aber es gibt Möglichkeiten über die Wahrnehmung des Körpers einen Lichtstrahl ins Dunkel zu lassen. »Selbst ein kleines bisschen Achtsamkeit, das in einen einzelnen Augenblick hineingebracht wird, kann die Kette der Abläufe aufbrechen, die zur chronischen Niedergeschlagenheit führen kann«, schreibt Williams. In Stressphasen wird unser Zustand oft noch schlimmer, weil wir auf körperliche Bewegung, Schlaf oder die Natur verzichten. Dabei sind das wirksame Eisbrecher.

6

DEPRESSIVE ERKRANKUNG UND PROFESSIONELLE HILFE

Die bisher beschriebenen vorübergehenden Stimmungsabfälle, die zum Leben und Arbeiten gehören und die jeder kennt, haben mit richtigen *Depressionen* nichts zu tun. Wenn wir im Alltag sagen, jemand sei depressiv, so hat das mit der diagnostizierten Krankheit meist wenig zu tun. Depressionen sind weit verbreitet und können durch die erhöhte Suizidneigung lebensbedrohlich sein. Von einer depressiven Erkrankung sprechen die Psychologen, wenn eine quälende Niedergeschlagenheit länger als zwei Wochen andauert und wiederkehrt. Sie ist verbunden mit einer Reihe weiterer Leiden: Appetitmangel und Schlaflosigkeit, permanente Selbstabwertung und Einsamkeitsgefühle, der Unfähigkeit sich zu konzentrieren, Ängste und der Verlust sexuellen Verlangens begleiten oft depressive Lebensphasen. Wenn Sie auch aus den Tätigkeiten, die Sie sonst mögen, keine Freude mehr ziehen können, sich die Zukunftsperspektive schwarz färbt und der Wunsch auftaucht, nicht mehr zu leben, dann brauchen Sie unbedingt professionelle Hilfe. Die Krankheit schränkt das Leben sehr stark ein und kann bis in die Arbeitsunfähigkeit oder den Tod führen. Depressionen sind heute aber gut behandelbar. Der Umgang mit depressiven Menschen ist eine Herausforderung, weil die Krankheit auch Auswirkungen auf das Umfeld hat. Was wir intuitiv tun, ist hier gerade falsch: Depressive können nicht einfach mit Hinweisen auf das Positive aufgemuntert werden; auch Mitleid ist keine hilfreiche Reaktion. Erkrankte und Angehörige sollten schnell fachliche Beratung in Anspruch nehmen. Weder der Rat von Freunden noch das Lesen von Büchern reichen aus, um der Krankheit zu entkommen.

—

DEPRESSIVE KÖNNEN NICHT EINFACH MIT HINWEISEN AUF DAS POSITIVE AUFGEMUNTERT WERDEN

—

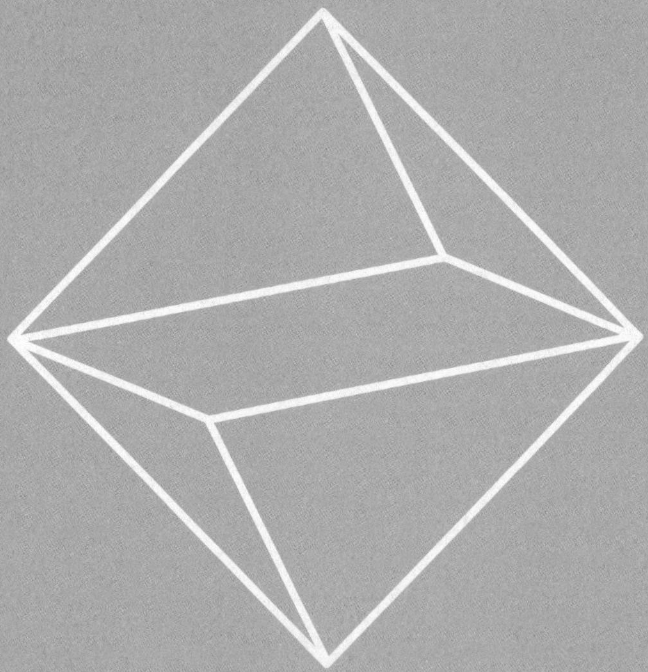

5

KREATIVITÄT UND SPIRITUALITÄT

1

GLÜCKLICH WERDEN

Der Mensch strebt nach Glück, darin sind sich viele Meister, von den antiken Philosophen bis zum Dalai Lama, einig. Obwohl eine milde Form von Leid auch als Antrieb dienen kann, lösen glücklich gestimmte Personen ihre Probleme besser und schneller, haben mehr Ideen, ein besseres räumliches Vorstellungsvermögen und sind, insgesamt, gesünder und kreativer. So lassen sich die Ergebnisse der wissenschaftlichen Glücksforschung zusammenfassen. »Kreativität ist beruflichem Erfolg förderlich und wird durch glückliche Stimmungen begünstigt. (…) Glücklich Gestimmte produzieren auch häufiger ungewöhnliche Assoziationen«, schreibt der Psychologe Anton Bucher in seinem Standardlehrbuch *Psychologie des Glücks.* Auch Daniel Goleman und sein Team kommen nach ihren umfassenden Forschungen zu dem Schluss, dass *Freude, Verantwortung und Vertrauen* die »Universalsprache der Kreativität« bilden. Glück erhöht die kognitive Flexibilität und somit die Schöpferkraft. Aber wie wird man glücklich? Diese Grundfrage der philosophischen Lebenskunst lässt sich praktisch erforschen. Dem persönlichen Glück steht vor allem die übermäßige *Grübelei* im Weg. Negative Gedanken über Ihre Vergangenheit, die sich nicht mehr ändern lässt, oder über die Zukunft, die noch nicht da ist, behindern die Zufriedenheit mit der Situation, in der Sie gerade stecken: in der Gegenwart! Die Grübelei mindert zudem die Konzentrationsfähigkeit und somit auch die Kreativität. »Ein Geheimnis glücklicher Menschen besteht darin, wenig an Glück und wenig an sich selbst zu denken«, schreibt Anton Bucher. Der Unglückliche kreist um sich selbst und jagt dem Glück nach.

EIN GEHEIMNIS GLÜCKLICHER MENSCHEN BESTEHT DARIN, WENIG AN GLÜCK UND WENIG AN SICH SELBST ZU DENKEN

A. BUCHER

Das wohl wichtigste Ergebnis der Glücksforschung ist jedoch, »dass nur etwa 10 Prozent unseres Glücksniveaus von äußeren Umständen abhängen – davon also, ob wir arm oder reich, gesund oder krank, hübsch oder hässlich, verheiratet oder geschieden oder was auch immer sind«, schreibt Sonja Lyobomirsky. Die russisch-amerikanische Psychologieprofessorin erforscht seit 20 Jahren die Frage, was uns glücklich machen kann. Die Daten nahezu aller Untersuchungen deuten in eine Richtung: »Was wir über uns und die Welt denken hat mehr Einfluss auf unser Glück oder Unglück als unsere tatsächlichen Lebensumstände«, wie Lyobomirsky zusammenfasst. Dieses Ergebnis widerspricht zuerst einmal stark unserem Alltagsdenken. Macht ein Lottogewinn nicht glücklich? Stürzt uns schwere Krankheit nicht in Verzweiflung? Doch – aber die Untersuchungen belegen, dass sich nach sehr kurzer Zeit der Glückszustand wieder auf das alte Niveau einpendelt, bei positiven Ereignissen sogar öfter darunter. Der Mensch ist ein Gewohnheitstier und kaum ist der Traumpartner geheiratet, kaum sind die materiellen Träume erfüllt, werden sie zur Normalität. Und zugleich steigen die Ansprüche und der Neid auf die, die noch mehr haben. Es scheint also ein verbreiteter, aber fundamentaler Irrtum zu sein, das eigene Unglück würde verschwinden, wenn sich unsere Lebensumstände ändern. Um glücklicher zu werden, so Lymbomirsky, müssen wir alten Weisheiten folgen, die beinahe kitschig klingen: Weniger grübeln, optimistischer sein und soziale Beziehungen pflegen, uns nicht mit anderen vergleichen, sich Ziele setzen und um andere kümmern. »Dankbarkeit ist so etwas wie der Königsweg zum Glück«, schreibt die Psychologin und empfiehlt, es auszuprobieren: Bedanken Sie sich häufiger, schreiben Sie Menschen, die Ihnen viel gegeben haben, Dankesbriefe. Sie werden sehen, welche verblüffenden Auswirkungen allein dieses Handeln hat.

DANKBARKEIT IST SO ETWAS WIE DER KÖNIGSWEG ZUM GLÜCK

S. LYMBOMIRSKY

Für die naturwissenschaftlich orientierte Psychologin selbst ein erstaunliches Ergebnis waren die eindeutig glückssteigernden Wirkungen von seriösen buddhistischen Meditationstechniken. Aber die Ergebnisse sprechen eine deutliche Sprache. Anton Bucher fasst sie zusammen: *Regelmäßig zeigen sich wünschenswerte physiologische Auswirkungen, die Stress regelrecht aufheben:*

- *Besserer Sauerstoffverbrauch und höhere Metabolismusrate,*
- *Absinken des Kortisollevels,*
- *Absinken des Blutdrucks,*
- *Absinken des Cholersterolspiegels,*
- *mehr Alpha- und Thetawellen, die ruhige Entspannung anzeigen,*
- *ein gestärktes Immunsystem,*
- *Änderungen der Neurotransmitter, speziell mehr Dopamin und Serotin.*

Insgesamt also sinkt die körperlich messbare Stressbelastung deutlich. Dass diese körperlich heilsamen Wirkungen wieder einen positiven Effekt auf die Psyche haben, wussten schon die Griechen. Hinter der Lehre der *Kalokagathia* steckt die Annahme, dass in einem gesunden Körper ein gesunder Geist steckt.

Diese positiven Nebenwirkungen treten messbar schon nach acht Wochen ein, wenn die tägliche Meditation zu einer Gewohnheit wird. Sie hat positiven Einfluss auf Ihre körperlichen, seelischen und geistigen Fähigkeiten, verbessert die Konzentrationsfähigkeit und reduziert die Grübelei. Meditation hat »positive Auswirkungen (...) auf scheinbar unveränderliche Eigenschaften wie Intelligenz, Kreativität und kognitive Flexibilität«, schreibt Sonja Lyobomirsky. Die buddhistischen Kulturen, aus denen die Übungstechnik stammt, gehen davon aus, dass sich der Geist durch Meditation geschmeidig machen lässt wie der Körper durch Yoga. Die störenden Gedanken verschwinden nicht, auch das Leid verschwindet nicht, aber wir gewinnen Distanz zu beidem und sind nicht mehr zwanghaft jeder unwillkommenen Idee oder jedem schlechten Gefühl ausgeliefert. Das alles hat, in der Summe, großen Einfluss auf Wohlbefinden und Glück. Da die kontinuierliche Achtsamkeitsübung unsere Aufmerksamkeit auf den Alltag lenkt, bekommen die gewöhnlichen Dinge – egal ob im Rahmen von Arbeit oder Freizeit – größere Bedeutung. Der Geist flüchtet nicht ständig, sondern wir können uns besser auf das konzentrieren, was wir gerade machen. Und wir tun es somit wahrscheinlich sehr viel besser, leichtgängiger und befriedigender. Ähnliche, auch wissenschaftlich nachweisbare positive Auswirkungen auf Körper und Geist kann eine ursprüngliche Tätigkeit haben, die ebenfalls ziellos ist: das *einfache Gehen,* insbesondere in der Natur. Damit ist weder Sport gemeint noch Nordic Walking oder Bergsteigen, bei denen es wieder nur um Leistung geht. Alois Schöpf schreibt in seinem Essay

Glücklich durch Gehen: »Gehen ist Meditation. Dadurch, dass ich gehe, verändere ich mich von meinem Seinszustand her, werde ein anderer Mensch. Man geht nicht, um ein konkretes Ziel zu erreichen, sondern um sich umzubauen und als Umgebauter ein anderes Leben zu leben: ein besseres, ein gesünderes, ein glücklicheres, ein schöneres. Worin dieses Bessere, Gesündere, Glücklichere besteht, erfährt man durch den Umbau selbst, nicht schon vorher. Daher kann es nicht selbst Ziel sein.« Das Gehen, insbesondere das Bergwandern, konfrontiert einen mit der unerschöpflichen Schönheit und Stille der Natur, und diese Begegnung hat scheinbar einen heilsamen Effekt. Die Berge, Täler und Seen lassen viele Probleme sehr klein erscheinen. Die Belastung für den Körper ist schonend, neben Schwimmen und Radfahren die gesündeste überhaupt. Wie verschiedene alkoholische Getränke einen unterschiedlichen Rausch erzeugen, so folgen nach verschiedenen körperlichen Ertüchtigungen auch unterschiedliche Erschöpfungsarten. Das Gehen fordert auf eine archaische Weise den ganzen Körper und führt zu einer sehr angenehmen Müdigkeit. In den Alpen gilt die alte Wanderregel, dass sich die Menschen oberhalb von 1000 Höhenmetern per Du ansprechen, wenn sie einander begegnen. Hier oben ist man »woanders«.

Die wissenschaftliche Erforschung des Glücks fördert zu Tage, was Philosophen und religiöse Meister seit jeher behauptet haben: ein tugendhaftes Leben um »Weisheit und Wissen, Mut, Liebe und Humanität, Gerechtigkeit, Mäßigung, Spiritualität und Transzendenz« begünstigen das Glück, wie die Psychologen Peterson und Seligman schreiben. Und auch, was ihm im Weg steht, ist altbekannt: der Ärger.

2

MENSCH ÄRGERE DICH NICHT

Auftraggeber, Kollegen und Vorgesetzte, Sitznachbarn, Passanten, Partner, Kinder, ja Menschen generell; auch das Wetter, Fußballspiele oder Computer können einen in Wut versetzen. Daran ist eigentlich nichts auszusetzen, weil das Phänomen so alltäglich ist. Angestaute Wut muss raus. Es könnte aber sein, dass dieses Denken falsch ist. Maßlose Wut steckt an und macht somit auch andere ärgerlich. Wut verzerrt die Wahrnehmung, wir verlieren den Kontakt zur Welt und sehen nur noch, was wir sehen wollen. »Der Zorn verschleudert die Erkenntnis, Langmut sammelt sie ein«, schreibt schon Evagrios Pontikos, einer der christlichen Wüstenväter im 4. Jahrhundert.

> DIE ÄUSSEREN ANLÄSSE SICH ZU ÄRGERN WERDEN NIEMALS WENIGER WERDEN

Die äußeren Anlässe sich zu ärgern werden niemals weniger werden. Das beginnt oft kurz nach dem Aufwachen: die Milch ist leer; das Kleinkind, das in den Kindergarten gebracht werden soll, weigert sich, die Jacke anzuziehen, und man verpasst die Bahn. Der Chef kommentiert das Zuspätkommen und der Computer zeigt unverständliche Fehlermeldungen an. Das Telefon klingelt und der Auftraggeber konfrontiert einen mit Forderungen, die kein Superheld erfüllen könnte. Das Mittagessen schmeckt nicht, obwohl es teuer war. Abends zu Hause ist das Kind noch immer in einer Trotzphase und Hund und Katze spielen ebenfalls verrückt. Ein befreundeter Musiker fragt an, ob wir, da er kein Geld mehr habe, nicht kostenlos das Cover seiner neuen CD gestalten könnten. Und die Einladungskarte für seine Hochzeit. Die Eltern rufen an und beklagen sich. Das Beziehungs- und Liebesleben oszilliert zwischen Leidenschaft, Anspruch, Erwartung und Freiheit, so dass es Ärger und Verletzung frei Haus liefert. Egal wie und wo wir agieren, der Perfektionist in unserem Kopf fällt seine fürchterlichen Urteile. Wie soll man dem endlosen, alltäglichen Ärger Einhalt gebieten?

Dass die Psychologie in Bezug auf die Wut umdenkt und die destruktiven Emotionen kritischer betrachtet, ist den Buddhisten zu verdanken. In buddhistischen Kulturen werden negative Emotionen sehr viel zurückhaltender gezeigt als im Westen. Öffentlich wütend zu werden gilt als Charakterschwäche. Es geht gar nicht darum, dass wir nur noch grundlos grinsend durch den Tag laufen. Aber umgekehrt scheinen unsere öffentlichen Wutausbrüche, sei es im Büro, in der Bahn oder am Postschalter, kulturell etwas aus dem Ruder gelaufen zu sein. Woher kommt diese Wut überhaupt? Thich Nhat Hanh beginnt sein bedeutendes Buch über den Ärger mit einer auf den ersten Blick verblüffenden Beobachtung. Er behauptet, wir nehmen den Ärger erst einmal aus der Umwelt auf:

Ärger und Wut, Frustration und Verzweiflung haben viel mit unserem Körper und der Nahrung zu tun, die wir aufnehmen. Wir müssen eine Strategie des Essens und Konsumierens entwickeln, um uns vor der Wut und Gewalt zu schützen. Essen ist ein Merkmal der Zivilisation. Wie wir unsere Nahrung anbauen, welche Art von Nahrungsmitteln wir essen und wie wir sie zu uns nehmen, ist eine Sache der Zivilisation, denn die Wahl, die wir treffen, kann Frieden stiften und Leiden lindern. Was wir essen, kann eine sehr wichtige Rolle spielen im Hinblick auf unsere Wut. Häufig enthält unsere Nahrung bereits Wut.

Wenn tatsächlich alles mit allem verbunden ist, dann ist es schlüssig, dass zum Beispiel die Massentierhaltung negative Folgen hat. Zwar bemühen wir uns, das Tiereschlachten unsichtbar in fensterlosen und schallgedämmten Vorstadt-Fabriken zu praktizieren – wer würde sonst dieses Fleisch noch essen? –, aber das bedeutet nicht, dass es keine Konsequenzen hat. Wir nehmen mit der Nahrung die Herkunft und die Leiden der Tiere in uns auf. Oder wir nehmen diese Wut eben *nicht in uns auf.* Das ist jedem freigestellt und ein sehr einfacher Weg, einen sehr großen destruktiven Zusammenhang aufzulösen. Was wir essen bestimmt den wichtigsten Austauschprozess zwischen der Natur und uns, wir verwandeln Natur in Lebensenergie.

IMMER WIEDER STELLEN WIR FEST, DASS ANDERE MENSCHEN SICH NICHT NACH DEM DREHBUCH RICHTEN, DAS WIR FÜR SIE GESCHRIEBEN HABEN

Wir werden wütend, wenn die Welt sich nicht nach den Vorstellungen und Erwartungen richtet, die in unserem Gehirn gerade entstanden sind. Immer wieder stellen wir fest, dass andere Menschen sich nicht nach dem Drehbuch richten, das wir für sie geschrieben haben. Nicht einmal wir selbst verhalten uns schließlich immer so, wie wir wollen. Wir sind überzeugt davon, zu wissen, wie der Tag ablaufen sollte, aber die Enttäuschung ist oft vorprogrammiert. Wir wissen, dass der Welt ganz egal ist, was wir denken, aber dennoch können wir oft nicht loslassen und geraten in Wut. »In dem Augenblick, in dem Sie sich ärgern und wütend werden, neigen Sie dazu, den Grund für Ihr Unbehagen bei einem anderen Menschen zu suchen. Ihm geben Sie die Schuld daran, dass Sie leiden«, schreibt Thich Nhat Hanh. Aber die anderen sind nur selten die Ursache, die Schuldzuweisung ist nur ein beliebtes Spiel unseres Kopfes. Der Buddha verglich die Wut mit einem glühenden Stück Kohle, das wir in den Händen halten, um nach einem anderen zu werfen. Wir verbrennen zuerst einmal unsere Hände! Leiden hat, wie auch das Glück, eine starke soziale Seite: es steckt andere an. Es ist also die Aufgabe, sich zuerst einmal um das eigene Leiden zu kümmern, damit es nicht auf Ihr Umfeld übergreift. Die Wut ist also nur in den Griff zu bekommen, wenn Sie bemerken, welches eigene Leiden dahinter verborgen liegt. Wenn Sie in Wut geraten, weil Ihr Zug nicht pünktlich kommt, liegt das nur in zweiter Linie an der Deutschen Bahn – schließlich stehen noch viele andere Menschen am Bahnsteig, die das Gleiche erleben wie Sie, aber nicht so wütend werden. Auch Sie selbst erleben ähnliche Situationen mal mehr, mal weniger ärgerlich. Thich Nhat Hanh vergleicht die Fähigkeit, sich um das eigene Innenleben zu kümmern und herauszufinden, was uns wütend macht, mit einem Garten. »Jeder von uns ist ein Garten, und jeder Übende muss zu seinem Garten zurückkehren und sich darum kümmern. Vielleicht haben Sie ihn lange Zeit nicht mehr gepflegt. Sie sollten genau wissen, was in Ihrem Garten vor sich geht, und nach Möglichkeit alles in Ordnung bringen. Sie sollten die Schönheit und Harmonie in Ihrem Garten wiederherstellen. Viele Leute werden sich an Ihrem Garten freuen, wenn er gut gepflegt ist.« Und nicht nur das: Weniger Ärger bedeutet mehr Glück; und mehr Glück bietet den Nährboden für Wachstum und Kreativität.

3

KLEINE SCHÖPFUNGS-GESCHICHTE

Wer kreativ ist, wird zum Schöpfer im Kleinen. Das ist alles andere als profan. »Ihre religiösen Wurzeln wird die Kreativität (...) nicht los. Man kann zwar Bedingungen formulieren (...) – es bleibt ein letztlich nicht erklärbarer Sprung, theologisch gesprochen: ein Wunder«, schreibt der Soziologe Ulrich Bröckling. Trotz Gehirnforschung und Kognitionspsychologie hat bisher kein Wissenschaftler das Geheimnis schöpferischer Prozesse entschlüsselt. Die Kreativität wird ihr Geheimnis nicht preisgeben, aber deshalb müssen wir nicht an ihr zweifeln. Es scheint sich also um etwas zu handeln, das mit einer größeren Wirklichkeit zu tun hat. Das völlige Aufgehen in »etwas«, wie es in Flow-Zuständen erlebt wird, drängt die Frage auf, mit wem oder was wir eins werden. In der Regel denken wir nicht weiter darüber nach, aber das »eins werden« ist der Grundgedanke jeder religiösen Mystik. Ob wir mit der Welt, mit Gott oder mit uns oder unserer Tätigkeit völlig im Einklang sind, ist nur eine Frage der Benennung. Wir sehen klar und deutlich, was dabei herauskommen kann und wie schwierig es immer wieder ist, gestalterisch tätig zu sein. »Wer viel Wind machen will, muss schließlich auch mal Luft holen«, schreibt Ulrich Bröckling, und genau dieses Luftholen ist Thema der *Spiritualität.* Das Wort löst bei vielen Menschen ungute Gefühle aus, weil sie schlechte Erfahrung mit einer engstirnig ausgelegten Religion gemacht haben. Die mehr als berechtigte Kritik an den christlichen Kirchen bezieht sich allerdings zumeist nur auf deren dogmatische oder organisatorische Seite. Die Spiritualität betrifft jedoch die Glaubenserfahrung des Einzelnen, die immer öfter auch außerhalb autoritärer Institutionen gelebt wird. Insgesamt kann man sagen, dass die Klöster und Orden meist aus Protest gegen die Amtskirche gegründet wurden – als Orte spiritueller Übung, für die Konzentration auf das Wesentliche und als Orte kreativer Arbeit. »Im Mittelalter waren praktisch alle bedeutenden Gestalter und Forscher Kleriker oder Ordensleute«, schreibt der Psychologieprofessor Harald Walach in seinem Standardwerk zur Spiritualität. Der Dalai Lama schreibt in seiner *Spirituellen Autobiographie,* der Mensch könne gut ohne Religion leben, aber nicht ohne Spiritualität: »Eine Religion impliziert immer auch ein Glaubenssystem, das auf einer Metaphysik sowie auf Dogmen, Riten und Gebeten gründet. Im Spirituellen geht es mehr um die Entwicklung von menschlichen Fähigkeiten wie Liebe, Mitgefühl, Geduld, Toleranz, Vergeben und Verantwortungsgefühl. Diese inneren Werte, die eine Quelle des Glücks für uns und andere sind, sind unabhängig von jeder Religion.« Mit den Kirchen, ihren dogmatischen Glaubenssätzen und heute schwer verständlichen Zeremonien und Ritualen haben immer mehr Menschen Probleme, aber das Bedürfnis nach Spiritualität wächst. Professor Michael von Brück, protestantischer Theologe, Religionswissenschaftler, Yoga- und Zen-Lehrer, versteht unter Spiritualität »den bewussten

WER VIEL WIND MACHEN WILL, MUSS SCHLIESSLICH AUCH MAL LUFT HOLEN

U. BRÖCKLING

Umgang mit dem eigenen Bewusstsein, das heißt vor allem die Schulung der Wahrnehmung und die Entwicklung von Achtsamkeit in allen Lebensbezügen. Entwickelt sich die Spiritualität, kommt es zu neuen Deutungen der Welt, des Lebens und der Rolle des Menschen (…).« Sie bietet also durch die Meditationsübung ein religionsübergreifendes Trainingsprogramm an, das hilft, sich selbst zu erkunden, anders zu denken und auch konzentrierter zu arbeiten. Wer anfängt, sich mit seiner eigenen Wahrnehmung der Welt zu beschäftigen, muss weniger über die Außenwelt klagen. Wenn der Ärger abnimmt, werden neue Energien für die Gestaltung des eigenen Lebens und der eigenen Arbeit frei. Diese Erfahrung innerer Freiheit ist das Ziel spiritueller Übung, »die Erfahrung, dass wir selbst in gewisser Weise Urheber unserer Innenwelt sind und damit auch die Möglichkeit zu ihrer Gestaltung haben. Wichtige Einsichten unser persönliches Leben betreffend, wichtige Ideen, auf die wir schon lange hingearbeitet haben, bedeutende Erkenntnisse erschließen sich plötzlich. Wir erleben das als glückliche Zu-Fälle, Ein-Fälle, kreative Momente oder schlicht als Momente der kreativen Freiheit«, schreibt Harald Walach.

WER ANFÄNGT, SICH MIT SEINER EIGENEN WAHRNEHMUNG DER WELT ZU BESCHÄFTIGEN, MUSS WENIGER ÜBER DIE AUSSENWELT KLAGEN

Um einem solchen Weg zu folgen, muss man nicht blind an irgendetwas glauben. Der Schotte Stephen Batchelor war selbst lange Mönch, aber nach einem langen Weg der Veränderung bezeichnet er sich heute als einen »ungläubigen Buddhisten«. Er sieht eine zeitgemäße spirituelle Suche nicht mehr eng gebunden an die Traditionen der klassischen Glaubensgemeinschaften. In den vier *Edlen Wahrheiten,* die der Buddha verkündet, sieht er keine Glaubenssätze, sondern eine Aufforderung zum Handeln.

Er interpretiert sie als Formel, »die sich auf jede Situation im Leben anwenden« lässt: *1. Umarme, 2. Lass los, 3. Halt inne: 4. Handle!* Diese Abfolge lässt sich auch auf die Kunst zu arbeiten anwenden: Egal, wie erwünscht oder unerwünscht ein Auftraggeber ist, wenn wir den Job übernehmen, müssen wir ihn auch wirklich *annehmen.* Danach sollten wir die Aufgabe wieder *loslassen,* damit in uns die Ideen ungestört und unbewusst reifen können. Nur dann kommen die guten Einfälle. Ein *Innehalten* – also Vorbereitung, Konzentration, innere Ruhe – schützt vor blinden Routinen. Schließlich *beginnen* wir mit der Realisierung unserer Ideen. Die vier Schritte schützen davor, den ersten, unreflektierten Impulsen zu folgen, mit dem ein Autopilot unsere Handlungen steuert.

4

DIE ÄSTHETIK DES ZEN

Der Amerikaner Bernhard Glassman ist berühmt geworden als Sozialarbeiter, Gründer eines interreligiösen Friedensordens und als Zen-Meister. Er hat die Greyston-Foundation gegründet, die sich unter anderem in der Wohnungslosen- und Gefängnisarbeit engagiert. In den Armenküchen wird das Essen unüblich schön auf den Tellern angerichtet, was bei gewöhnlichen Sozialarbeitern oft Kopfschütteln auslöst. Aber Glassman hält dagegen, dass der Mensch nicht vom Brot allein lebt, sondern dass auch ein *ästhetisches Grundbedürfnis* existiert. »Eine schöne Umgebung inspiriert sie dazu, ihr Leben ganzheitlicher zu gestalten und intensiver wahrzunehmen wie kostbar die Welt und all ihre Mitmenschen sind. Die Schönheit von Kunst und Natur erinnert uns an die innere Harmonie und an die Pracht, die sich in der Existenz jedes Menschen manifestieren«, schreibt Glassman in seinem Klassiker *Anweisungen für den Koch.* Das Vorgehen ist höchst wirksam, Ordnung und Schönheit haben weitreichende psychologische Wirkungen. Jeder kennt die Befriedigung, die von einem aufgeräumten Schreibtisch ausgehen kann, die äußere Ordnung spiegelt sich in der inneren wider. Glassmans Formbewusstsein ist inspiriert vom Zen-Buddhismus und den damit verbundenen Sichtweisen von Kreativität und Gestaltung. Schon sehr früh haben sich die Zen-Künstler um das Gedanken gemacht, was im Betrachter vor sich geht, und nicht nur um die interne Stimmigkeit des Designs. Und diesem Betrachter wurde eine aktive Rolle zugeschrieben, er sollte nicht eingeschläfert werden. Die »Einheitlichkeit des Musters wurde als verderblich für die Frische der Phantasie angesehen«, schreibt Kakuzo Okakura im *Buch vom Tee,* einem der Standardwerke über die japanische Ästhetik. Bewusst vermieden wird auch das Symmetrische, weil es eine Perfektion und Ordnung suggeriert, die es in der realen Welt so gar nicht gibt. Wer an den Einsatz symmetrischer Formen in den Propagandafilmen von Leni Riefenstahl denkt, wird die latente Gewalt nachvollziehen können. Die Zen-Ästhetik bevorzugt also etwas für unsere Augen Unfertiges – positiv ausgedrückt: Offenes. Es bleibt immer noch etwas zu tun, wenn man etwas anschaut oder nutzt, das diesen Gestaltungsrichtlinien folgt. »Nur der konnte wahre Schönheit entdecken, der im Geiste das unvollendete vollendet«, schreibt Okakura.

Kommunikationsdesigner mögen weite und weiße Flächen, um eine anspruchsvolle, aber dennoch sachliche Atmosphäre zu erzeugen. Die Zen-Künste allerdings haben diesbezüglich eine ganz eigene Lehre entwickelt. Es geht weniger um die tatsächlich gezeigten Gegenstände, sondern um die »Komposition aus Zwischenräumen«. Dazu kennt die japanische Ästhetik zwei eigene Begriffe, zum einen *Ma*, das Dazwischen, und *Mu*, die Leere. Im Zen liegt die »Schönheit der Dinge in ihrer Unvollkommenheit und Unvollendetheit, ihrer Unbeständigkeit und Einfachheit, aber auch in ihrer Spontanität, Unkalkulierbarkeit und unkonventionellen Frische«, schreibt die Kunsthistorikerin Claudia Delank. Manche der Bilder sind nahezu weiß, nur in einer der Ecken sieht man eine Landschaft, einen Berg oder Baum. Die Bildmitte bleibt weiß. Der Blick des Betrachters soll hingeleitet werden zu dieser zentralen Leere, die im Zen das Wesen der Dinge ausmacht und als endloses Potenzial betrachtet wird. In der Bildmitte fehlt nichts, sie ist nicht ungestaltet, sondern sie fordert dazu auf, selbst aktiv zu werden!

—

IM ZEN LIEGT DIE SCHÖNHEIT DER DINGE IN IHRER UNVOLL-KOMMENHEIT

C. DELANK

—

Die Gestaltungslehre des Zen wird in der Philosophie des *Wabi-sabi* beschrieben. Aber die damit verbundenen Vorstellungen von Schönheit sind viel mehr als nur eine Ästhetik, sie sind zudem eine Form der Lebens- und Arbeitskunst. Harald Brinker beschreibt in seinem Buch über die Zen-Malerei die ästhetischen Grundprinzipien: Asymmetrien werden bevorzugt und die Bilder und Produkte sind von einfacher Schlichtheit. Sie wollen natürlich und ganz selbstverständlich wirken. Stille, innere Ruhe und Ausgeglichenheit erzeugen eine abgründige Tiefe des Einfachen. Für Leonard Koren gehen von diesen Prinzipien auch moralische Appelle aus, nämlich sich von allem Unnötigen zu befreien und sich auf das Eigentliche zu konzentrieren. Wabi-sabi-Gegenstände haben oft etwas Unregelmäßiges und Bescheidenes, sie haben die Fähigkeit zu altern und durch Abnutzung immer schöner zu werden. Falls sich auf Ihrem Schreibtisch ein alter, abgegriffener Holzbleistift findet – er wäre aus der Sicht dieser Ästhetik sehr viel wertvoller und schöner als der prestigeträchtigste Füllfederhalter. Auch in unserer Kultur finden sich viele Gegenstände, die einige der Regeln der Wabi-sabi-Ästhetik erfüllen. Es sind mehr als nur Wegwerfprodukte: Ihre alten Schallplatten, die durch ihr Knistern beweisen, dass es sich um eine Reproduktion handelt (und das eben nicht verstecken); alte und vertraute Taschen oder Schuhe aus Leder, die immer schöner werden und die der Schuster wieder richten kann; abgenutzte Holzmöbel; zerlesene, hochwertig gebundene Bücher, schöne Streichholzschachteln, Kerzen aus Bienenwachs … mit dem Charakter solcher Gegenstände verbindet sich eine Haltung des Einfachen, eine gewisse Konsumdistanz und Ferne zu schnellen Moden. Um das an den gewöhnlichen Gegenständen wahrnehmen zu können, ist ein *achtsamer Blick* nötig. Das Zen-Universum ist unspektakulär. Die Dinge sollen uns an die Vergänglichkeit erinnern und dies soll zu einem ruhigen und klaren Geist führen.

Achtsamkeit lässt sich trainieren, durch Meditation. Und damit schulen wir direkt auch zwei für die Kreativität zentralen Aspekte: ästhetische Sensibilität und Konzentrationsfähigkeit.

5

ZEN UND KREATIVITÄT

Der interessanteste Aspekt der Zen-Künste (...) besteht darin, dass sie nicht nur ein Kunstwerk sein wollen, sondern eine Methode, die den kreativen Prozess anregt. Sie stellen Mittel zur Verfügung, um den Geist zu schulen und unser Leben zu leben«, schreibt der Fotograf, Autor und Zen-Meister John Daido Loori. Wie generell im Zen heben sich in dieser Gestaltungslehre die Grenzen eines in überschaubare Parzellen eingeteilten Lebens auf. Es existiert nicht die Kultur hier und die Natur dort; die Arbeit im Büro und das Leben zu Hause; Kunst getrennt von Design und dieses vom Handwerk oder wir selbst als unabhängige Individuen abgegrenzt von anderen. Auch Albert Einstein meinte, dass die Trennung der Menschen voneinander nichts sei als eine optische Täuschung. In einer solchen Sichtweise verlieren viele Fragen, die uns quälen, ihren Sinn. »Es ist nicht wichtig, woher Kreativität kommt. Wichtig ist, dass sie bereits in jedem Einzelnen von uns vorhanden ist und nur darauf wartet, ausgedrückt zu werden«, schreibt Loori. Statt sich auf die endlos versponnene Suche nach dem Warum zu begeben, geht es im Zen immer ums konkrete Handeln. So auch in Bezug auf die Kreativität. Um die eigenen Gestaltungsmöglichkeiten zu realisieren, müssen wir vor allem die eigene Erfahrung und das eigene Leben schätzen lernen. Gestalter drücken *sich* aus; alles, was wir tun, ist ein Splitter der eigenen Autobiographie. Und dieses Hervorbringen drückt die »einmalige Erfahrung des Lebens aus. Darin besteht das Wesen jedes schöpferischen Tuns. Unsere Kunst bringt etwas hervor, was zuvor noch nicht existiert hat. Wir vergrößern das Universum«, schreibt Loori. Kreativität bringt also etwas Inneres nach außen und fügt der Welt etwas hinzu. Was wir auch tun, es ist *Umweltgestaltung.* Die Fähigkeit still zu sein öffnet das innere Ohr erst ohne Ablenkung bemerken wir, was wir tun wollen und wie wir es tun wollen. Aber die Stille ist nicht automatisch da, ohne Übung sind wir der Zerstreutheit der eigenen Gedanken ausgeliefert und werden Spielball äußerer Einflüsse. Die Sitzmeditation ist der zentrale Weg, der uns zu Ruhe und Klarheit führt. Sie ist eine anspruchsvolle Übung, die den »Weg zur Handlung verkürzt«, wie es der Illustrator und Musiker Cornelius Vogel ausdrückt. Wer schweigen kann, spricht sehr viel bewusster, und wer loslassen kann und zum Nichtstun fähig ist, handelt sehr viel bewusster. Um kreativ zu arbeiten, müssen wir meist nicht die Lebensumstände ändern, wir müssen nur bewusster wahrnehmen, was uns täglich begegnet. »Wir essen, aber wir schmecken nichts, wir hören, aber wir vernehmen nichts. Wir verbringen unser Leben damit, uns in unseren Köpfen zu verlieren«, schreibt Loori. Das ist im gestalterischen Alltag nicht anders. Oft betreten wir das Büro und folgen einfach den Gewohnheiten, die sich eingeschliffen

WER SCHWEIGEN KANN, SPRICHT SEHR VIEL BEWUSSTER, UND WER LOSLASSEN KANN UND ZUM NICHTSTUN FÄHIG IST, HANDELT SEHR VIEL BEWUSSTER

haben. Aber das schläfert unsere Sinne ein, wir verlieren den Kontakt zur Wirklichkeit, weil wir glauben, sie zu kennen. Dabei sind auch der gleiche Weg zur Arbeit, die gleichen Kollegen und die gleichen Auftraggeber bei genauerem Blick *immer wieder anders*. Auch wir selbst bleiben nicht gleich. Tagebuchschreiber kennen die Erfahrung, in alten Aufzeichnungen zu stöbern: Das habe wirklich ich gedacht? Oder: Darüber habe ich mich schon damals geärgert? Menschen können sich so sehr wandeln, dass es gerechtfertigt erscheint, ihnen andere Namen zu geben. Mit dem Eintritt in ein Kloster oder in den Orden der Kunst nimmt man in der Regel einen anderen oder zusätzlichen Namen an.

Wir können die Fähigkeit entwickeln, allem so zu begegnen, als sähen wir es zum ersten Mal. Und schon verwandelt es sich und ist anders. Es ist tatsächlich auch anders. Alles verändert sich, also ist kein Tag gleich. Manchmal *erscheint* er uns nur gleich. Wenn wir zu große Erwartungen haben oder glauben, wir wüssten, was kommen wird, trennt uns das von den real existierenden Ereignissen ab. Wir sind unfrei in erstarrten Formen, die unser Denken über eine Welt legt, die sich ständig wandelt. Um in einer solchen Welt gestalterisch tätig zu werden, dürfen wir uns selbst nicht so wichtig nehmen, sondern müssen zurücktreten hinter das, was wir tun. Erst wenn wir selbst zurücktreten, erscheint die Kreativität. Um das zu können, müssen wir uns eine große Selbstsicherheit erst erarbeiten. »Wenn wir lernen, uns selbst zu vertrauen, müssen wir durch unsere Kunst nichts mehr beweisen. Dann gestatten wir ihr, einfach aufzutauchen und das zu sein, was sie ist. Die Kunst wird dann mühelos sein«, schreibt Loori. Noch unsichere Gestalter, die ihr

WENN WIR LERNEN, UNS SELBST ZU VERTRAUEN, MÜSSEN WIR DURCH UNSERE KUNST NICHTS MEHR BEWEISEN

J.D. LOORI

großes Ego ständig in den Vordergrund schieben müssen und sich permanent selbst inszenieren, leisten selten einen wichtigen Beitrag zum Design. Sie präsentieren uns nur ihren »Marketing-Charakter«, wie Erich Fromm es nannte. Um in der Arbeit aufzugehen und uns selbst zu vergessen, müssen wir Regeln vergessen können. Zentral dabei ist die Fähigkeit zur *Spontanität,* die nicht zu verwechseln ist mit beliebigem oder blindem Tun. Form und Handwerk spielen eine entscheidende Rolle für die Zen-Wege der Gestaltung. »Der reine Geist der Einfachheit, wenn er vollkommen ausgedrückt wird, ist Freiheit im Handeln. Nur innerhalb einer bestimmten Form werden wir frei von dieser Form«, schreibt Loori. Die Formstrenge, die Ihnen in einem Zen-Dojo begegnet, in dem jede Verbeugung und Handlung vorgeschrieben ist, wird schnell zur Routine. Und der äußere Rahmen wirkt stabilisierend auf das innere intuitive Element, dem Sie in der Meditation begegnen. Ähnlich betrifft es die handwerklichen Ebenen der Gestaltung. Sobald Sie das Handwerk beherrschen, eröffnet sich der Raum für eine Gestaltung, die etablierte Grenzen überschreiten kann.

SOBALD SIE DAS HANDWERK BEHERRSCHEN, ERÖFFNET SICH DER RAUM FÜR EINE GESTALTUNG, DIE ETABLIERTE GRENZEN ÜBERSCHREITEN KANN

6

DAS HANDWERK DER KREATIVITÄT

Kreativität ist zum einen vom »göttlichen Funken« abhängig, dem unergründlichen Entstehen der neuen Ideen – der *Inspiration.* Konzentrationsfähigkeit und innere Ruhe sind Bedingungen, damit das Geheimnis sich zeigt. Zum anderen erfordert die Umsetzung und Realisierung der Ideen *handwerkliches Können.* Und es gibt nur einen Weg, dies zu erlangen: permanente, langjährige Übung, anfangs meist gebunden an die Anleitung durch einen Lehrer. Heute wird in der Ausbildung vor allem darauf geachtet, genügend Freiheit zu gewähren, damit neue Ideen entstehen können. Die handwerkliche Seite der Kreativität scheint aber in den letzten hundert Jahren immer unbeliebter geworden zu sein. Davon sind einzig die klassische Musik und Teile des Jazz ausgenommen: Ohne tägliches Üben kann das Niveau nicht gehalten werden, ganz egal in welcher Liga man sich bewegt. Für Designer gilt heute, dass es manchmal auch anders geht, zumindest eine gewisse Zeit lang. Aber schon ein Kalligraphiekurs reicht aus, um jedem Gestalter seine Beschränktheit im handwerklichen Umgang mit Schrift zu beweisen. Im Hinblick auf die Kreativität ist der Irrtum weit verbreitet, Inspiration wäre vom Handwerk unabhängig. Dabei gilt: Eine Idee, die aus mangelnden Fähigkeiten nicht umgesetzt werden kann, ist wertlos. Das Können entscheidet darüber, was tatsächlich entsteht und was nur ein Hirngespinst bleibt. Kunst kommt von Können. Auch intellektuell hat es Nachteile, wenn es gar kein Handwerk mehr gibt, das die Ideenfindung beeinflusst. Die Trennung von Hand und Kopf schade letztlich auch dem Kopf, schreibt der Soziologe Richard Sennett. Tanizaki Jun'ichiro schreibt in seinem Essay *Lob der Meisterschaft:* »Gewiss, der *Kopf* ist ohne Zweifel wichtig, aber zuallererst kommt es (…) auf das *Können,* die Meisterschaft an. Nicht dass man *mit dem Kopf* versteht, sondern dass man *vom Können her* in die Sache hineingeht, ist das Entscheidende.« Diese Meisterschaft ist etwas, das ganz unabhängig vom Endprodukt einen hohen Wert hat, Jun'ichiro nennt es ein »Interesse für die Kunstausübung«. Der meisterliche Könner hat Freude an der Ausübung des Handwerks selbst und dieses ist mehr als nur Arbeit, es ist eine radikale Lebensform, die sich langsam zu immer mehr summiert. Kreativität mag manchmal plötzlich entstehen und sie versiegt auch wieder, wie viele Beispiele zeigen. Aber das Handwerk wächst mit jeder Minute des Übens und benötigt Zeit. Jun'ichiro vergleicht den Übungsweg zur Meisterschaft mit dem permanenten Polieren alter Gegenstände, die durch ihre Alterspatina immer schöner werden. Die eigenen Fähigkeiten werden mit Hingabe verfolgt und geübt, sie kennen kein Ziel, das erreicht werden könnte. Die Meisterschaft ist niemals erreicht oder vollendet, ein Meister versteht sich stets als Anfänger und pflegt die Traditionen seines Metiers. Nun ergibt sich aus dieser Praxis heraus auch der Zusam-

DIE TRENNUNG VON HAND UND KOPF SCHADET LETZTLICH AUCH DEM KOPF

R. SENNETT

menhang zur Kreativität: das Üben und seine Monotonie erzeugen einen gewissen Rhythmus, eine innere Ruhe, die günstig ist für die Inspiration. Wie man richtig übt, wird allerdings kaum beachtet. Keiner wünscht sich in Zeiten zurück, in der Lernen aus Auswendiglernen bestand und es um die einfache Reproduktion ging. Entscheidend ist, so der Soziologe und Cellist Richard Sennett, die Länge der Übungsphasen: »Der Übende darf ein Stück nur so oft wiederholen, wie seine Aufmerksamkeitsspanne in der betreffenden Phase reicht. Mit wachsender Übung wächst auch die Fähigkeit, Wiederholungen zu ertragen.« Die Isaac-Stern-Regel besagt, je besser die Technik werde, desto länger könne man proben, ohne sich zu langweilen. Dass eine kontinuierliche Übungspraxis die Freiheit einschränkt, ist nur eine kapitalistische Ideologie: »Die Wahrheit ist natürlich, dass Kreativität ein Nebenprodukt jener Art von meisterlichem Können ist, das durch langjährige Übung erworben wird. Anscheinend entwickelt sie sich durch Hingabe (man denke an einen Musiker, der Tonleitern übt, oder an Einstein, der Tensoralgebra lernt). Die Gleichsetzung von Kreativität und Freiheit passt schön in die Kultur des neuen Kapitalismus, in der es das Diktat der Anpassungsfähigkeit verbietet, sich lange genug in eine Tätigkeit zu vertiefen, um sie wirklich beherrschen zu können. Doch meisterliches Können ist die Voraussetzung nicht nur für wahre Kreativität, sondern auch für jene Art von wirtschaftlicher Unabhängigkeit, wie sie der Handwerker genießt«, schreibt der Motorradmechaniker und Philosoph Matthew Crawford.

Nicht ohne Grund sind die großen Kreativleistungen der Renaissance, in der unsere Moderne geboren wurde, allesamt von Menschen ausgegangen, die sich als Handwerker verstanden und in Werkstätten arbeiteten und lebten. Ihr Handwerk und keineswegs ihre Subjektivität als vereinzelte Künstler standen dabei im Vordergrund. In den historischen Werkstätten gehen die Menschen eine enge Bindung ein, die von den Ritualen der Handwerkskünste und der Religion erzeugt werden. Im 19. Jahrhundert gründet sich die *Arts & Crafts*-Bewegung mit dem Ziel, die immer stärkere Trennung von Design, Kunst und Handwerk wieder aufzuheben. In Oxford gründeten sich halbklösterliche Gemeinschaften mit einem gewissen Kunstverständnis, die aber nicht in Ateliers, sondern wieder in Werkstätten zusammen arbeiteten und zusammen lebten. William Morris, einer der Köpfe der Bewegung, gab dazu praktische und klare Anweisungen, die bis heute bedenkenswert sind: »Wenn Menschen schöne Produkte herstellen sollen, müssen sie an einem schönen Ort leben. (…) Habe nichts im Hause, von dem du nicht weißt, ob es nützlich ist, und nichts, von dem du nicht glaubst, dass es schön sei.« Für Morris standen zwei Tugenden im Vordergrund, auf die sich die Gestaltung reduzieren lässt: Einfachheit und Ehrlichkeit.

HABE NICHTS IM HAUSE, VON DEM DU NICHT WEISST, OB ES NÜTZLICH IST, UND NICHTS, VON DEM DU NICHT GLAUBST, DASS ES SCHÖN SEI

W. MORRIS

7

KREATIVITÄT ALS WELTLICHER ORDEN

Die Klosterbibliotheken, die Werkstätten der Renaissancemeister bis zu denen der *Arts & Crafts*-Bewegung, auch die Künstlerkolonien des 20. Jahrhunderts, das Bauhaus oder die Hochschule für Gestaltung in Ulm boten mehr als flache Hierarchien, die Kultur von Prozess- und Projektmanagement oder Team- und Network. Wer sich entscheidet, die Kreativität zum Mittelpunkt des eigenen Lebens zu machen, der tritt einem Orden bei, von dem er gar nicht wusste, dass er existiert. Dieser kennt keine autoritäre Leitung mehr, sondern er hat sich an die Ansprüche individualistischer Gestalter angepasst. Aber eine heimliche Dogmenlehre ist zweifellos vorhanden: Konzentrationsfähigkeit, innere Ruhe, Entscheidungsfreiräume, minimale finanzielle Sicherung und ein »Zimmer für sich allein« bleiben Voraussetzungen, um gestalterisch tätig zu werden.

Für den spanisch-indischen Religionswissenschaftler Raimon Panikkar ist die Lebensform des Mönches nicht mehr (nur) an ein Kloster gebunden und auch nicht an eine konkrete Religion.

Seit tausenden Jahren gibt es das Mönchtum, für ihn handelt es sich daher um einen *Archetyp* des Menschseins: »Nicht jeder kann oder sollte überhaupt in ein Kloster eintreten, aber jeder trägt den Archetyp des Mönchs in sich, den es zu pflegen gilt. Das Monastische ist ein Grundbaustein, ein Teil, eine Dimension des Wesens Mensch (...).« Wenn die Kreativität zur Lebensform wird, verlässt sie den Rahmen der Arbeit und ist nicht begrenzt durch die Wünsche von Auftraggebern. Sie lebt von der *Hingabe*. Nicht der Output, sondern die *Tätigkeit des Gestaltens* selbst ist der Motor. Dabei handelt es sich weniger um ein Problem, sondern vielleicht um ein Geheimnis: Wer weiß schon, warum er etwas zu seiner Lebensmitte macht? Jedenfalls lassen sich über alle Zeiten Gruppen von Menschen beobachten, die sich der Kreativität – in welcher Disziplin auch immer – völlig verschrieben haben. Panikkar sieht zwei Kardinaltugenden für das innere Mönchtum: die *selige Einfalt,* in der die Einfachheit der Dinge erkannt wird, und die *versöhnende Vielfalt* als »Zusammenfügen aller Elemente, so dass sie in einem höheren Ganzen, einer übergeordneten, alles versöhnenden Einheit zueinander passen«. Wer kreativ arbeitet und lebt, der schafft viel mehr als die kleinen Innovationen einzelner Bereiche, der entwirft insgesamt eine geschlossene Lebensform. Und so verschieden die Entwürfe auch sein mögen, es gibt doch etwas Verbindendes unter den Individualisten.

NICHT DER OUTPUT, SONDERN DIE TÄTIGKEIT DES GESTALTENS SELBST IST DER MOTOR

Der französische Philosoph Roland Barthes hat über so verschiedene Themen wie die Sprache der Liebe, den Tod seiner Mutter, über Fotografien, über die Mode, über Japan und eine Vielzahl literaturwissenschaftlicher Themen nachgedacht und geschrieben. Dieser Denker passt in keine Schublade. Obwohl er in Distanz zu Kirche und Glauben blieb, hat er sich für das frühe Mönchtum interessiert, also für die Zeit, in der es zwar schon Mönche gibt, aber noch keine Klöster oder eine dogmatische Amtskirche. Und Barthes ist von der Lebensform der Einsiedler sehr fasziniert. Er hat in einem Vortrag eine Lebensform beschrieben, die heute für Kreative eine positive Utopie liefert, die *Idiorrhythmie.* Er sieht in den Formen, in denen Menschen zusammen arbeiten und leben vor allem zwei Extreme, und beide behindern die Kreativität: zum einen die *Einsamkeit des Eremiten.* Das radikale Einsiedlertum ist nicht zu empfehlen, weil Kreative auf Feedback und Anregung angewiesen sind. Neuschöpfungen wollen in die Welt, und sie dahin zu bringen, erfordert heute viel Kommunikation und Network. Zum anderen die *kollektiven Formen* der Klostergemeinschaften, bürgerlicher Sozialzwänge oder der Arbeitskultur postmoderner Agenturen, die das Teamwork erzwingen – sie lassen wenig Raum für den Einzelnen und seine Individualität. Gibt es etwas dazwischen? Für Roland Barthes existiert es: »Weder zu zweit noch zu vielen. Etwas wie eine auf geregelte Weise unterbrochene Einsamkeit.« Der Idiorrhythmiker sichert seine Einsamkeit, in der er konzentriert arbeitet, und er weiß von anderen, die ähnlich leben. Die christlichen Wüstenväter, die sich in die Einsamkeit zurückzogen, wussten und kommunizierten mit den vielen anderen Einsiedlern, ohne ihre zurückgezogene Lebensform aufzugeben. Sie entzogen sich somit der Repression eines Kollektivs, gingen aber zugleich nicht an der absoluten Einsamkeit zu Grunde. Für Roland Barthes war das eine Form, in der jeder »seinem eigenen Rhythmus folgt«, ohne aus dem Takt zu kommen. Er hat Sehnsucht nach dieser »mittleren, utopischen, paradiesischen, idyllischen Form«. Es ist heute einen erneuten Versuch wert, sie zu realisieren.

8

WAS GESTALTEN GESTALTER?

Weder Leben noch Arbeiten sind ein Spaziergang. Beides, so hat es der Philosoph Karl Jaspers beschrieben, ist verbunden mit *Grenzsituationen.* Was wir auch tun: Unsere Werke sind vergänglich; Krankheit, Angst und Tod werden wir nicht los, aber auch Geburt und Schöpfung von Neuem gehören zum Leben. Wer sich die Freiheit nimmt, Kreativität als Lebensform zu verstehen, sucht sich über kurz oder lang die dafür günstigsten Lebensumstände. Aber diese Suche ist mühsam. Jaspers schrieb, das Leben sei immer auch bestimmt von einem *liebenden Kampf.* Der Philosoph sah klar, dass es eine große *Herausforderung* bleibt zu leben. »Leben ist immer lebensgefährlich«, bemerkte Erich Kästner treffend. Und wer kämpft, aus freien Stücken, der muss sich die Frage stellen, *wofür* er kämpft. Es kann nicht nur darum gehen, dass das Geld fließt und die Auftraggeber erfolgreich werden. Es gibt leider viele, die noch immer behaupten, die Welt sei per se materialistisch und Erfolg lasse sich in Geld messen. Aber solche Urteile verraten meist nur etwas über den, der sie ausspricht – es dreht sich zwar zu viel um Geld und Besitz, aber die schöpferischen Taten werden davon niemals bestimmt. Der

Materialist trägt Scheuklappen und sieht nur einen kleinen Ausschnitt der Welt, in dem er gefangen bleibt. Kreative hingegen erweitern ihren Blick, sie schauen über den Tellerrand. Sie sind Philosophen der Freiheit, daher nannte Joseph Beuys die schöpferische Tätigkeit eine *Freiheitswissenschaft.* Aber Freiheit bringt Verantwortung. »Freiheit *vom* ichbezogenen Begehren ist Freiheit *zur* schöpferischen Verwirklichung der von der Welt gebotenen Möglichkeiten *für* andere«, schreibt Stephen Batchelor.

Für Joseph Beuys war es die Aufgabe eines erweiterten Kunstverständnisses, in alle Bereiche des Lebens und Arbeitens vorzudringen. In seinen Interviews, Vorträgen, Ausstellungen und Aktionen ging es daher immer um die konkreten Fragen von Lebensgestaltung und Lebensführung. Auch die Grenzen zwischen Kunst, Design und Handwerk riss er ein – für ihn kam es auf die freie und kreative Tätigkeit an, die auf allen Feldern zu finden ist und somit zur Kunst wird. Weil jeder von uns ein *schöpferisches Potenzial* in sich hat, ist für ihn jeder Mensch ein Künstler. Seine Orientierung an christlichen Ideen befeuerte sein Interesse am Wechsel von Sterben und Auferstehung, den er als täglichen Vorgang gestalterisch tätiger Menschen sah. Jedes kreative Handeln formt die Welt, in der wir leben. Beuys verstand die Gesellschaft als eine soziale Plastik, an der wir laufend modellieren. Der Mensch kann gar nicht anders, er ist bildlich gesprochen permanent als Bildhauer tätig. Das beginnt beim Sprechen: der Kehlkopf »skulpturiert« den Luftstrom und so formen sich die Worte, die aus unserem Mund kommen. »Schäl mal 'ne Kartoffel, dann bist du im Grunde auch schon ein Bildhauer«, sagte Beuys. Generell war für ihn die Formbarkeit der Welt entscheidend und sein Hauptinteresse dabei war die Freiheit, die zusammen mit der Kreativität das wichtigste Kapital unserer Gesellschaft bilden. Seine Formel dafür wirkt einfach und fasst seine ganze Lehre zusammen: *Kunst = Mensch = Kreativität = Freiheit.*

Für alle vier Bereiche lohnt sich der Kampf, und er erfordert Energie. Und er erfordert Planung, Organisation und (handwerkliche) Übung. Beuys wird missverstanden, wenn aus seinen Thesen abgeleitet wird, dass eigentlich jede Handlung einen kreativen Wert bekäme. Ganz im Gegenteil: Er hielt das »einfach-mal-machen« und die spielerisch-intuitiven Vorgehensweisen meist für eine bloße Ideologie, die nur triebhaftes zu Tage bringe. Er verlangte von seinen Studenten naturwissenschaftlich-handwerkliches Können, philosophisch-religiöses Wissen und persönliche Reflexion. Ohne die permanente Arbeit daran überlasse man sich nur den »unbereinigten Kräftekonstellationen im Inneren der kreativen Potentiale«, und dabei heraus komme nur der Missbrauch von Ideen. Beuys befreit dabei die Vorstellung von »Planung« aus dem engen Korsett des Prozessmanagements, das nur an effektiver Abwicklung interessiert ist. Beuys sagt in einem Interview:

Wenn sich das nicht durch mein ganzes Leben hindurchzieht (...), dann wird das nicht gelingen, punktuell geht das nicht. (...) Das heißt einfach, ich muss mich immer wieder vorbereiten (...) und muss mich mein ganzes Leben so verhalten, dass kein einziger Augenblick nicht der Vorbereitung angehört. Also ob ich nun den Garten bearbeite, ob ich mit Menschen spreche, ob ich mich im Straßenverkehr bewege, ob ich ein Buch lese, ob ich unterrichte oder in welchem Arbeitsfeld (...) ich auch zu Hause bin, ich muss immer die Geistesgegenwart, das heißt den Rundblick haben für die gesamte Kräftekonstellation (...), dann habe ich die Kräfte präsent. Dann habe ich die Prinzipien präsent. (...) Das ist einmal einfach die Übung.

Das ist ein hoher Anspruch, eine Lebensform, in der wir ständig auf dem Weg sind und uns permanent der Übung einer gesteigerten Aufmerksamkeit unterwerfen. »Kreativität ist eine Daseinsform. Menschen, die kreativ sind, denken ständig über das Gebiet nach, auf dem sie arbeiten«, schreibt Daniel Goleman.

Wir haben die Freiheit, das zu tun, und für Beuys verpflichtet die Freiheit dazu, unsere Kreativität zu entwickeln und konstruktiv gestalterisch tätig zu werden. Und zwar *in allen Bereichen der Arbeit und des Lebens.* Wo Energie ist, kann etwas entstehen: »Es muss sich aus diesem Energetischen etwas in Bewegung setzen und dann zu einer Form kommen, und zwar zu vielen Formen, speziellen Formen. Das ist Kreativität«, sagte Beuys. Von Demokratie und ökologischer Verantwortung ist die Kreativität nicht zu trennen, wenn sie mehr sein will als ein Werkzeug zur Erledigung von Aufträgen. *Nachhaltigkeit* ist also das zentrale Ideal, welchem die Kreativität als Lebensform verpflichtet ist. Der Philosoph Wilhelm Schmid formuliert dazu zwei Imperative, die auch für jede Form der Gestaltung gelten.

Handle so, dass du …

- *die Grundlage deiner eigenen Existenz nicht ruinierst.*
- *die Konsequenzen deines Handelns für Andere in einer Weise berücksichtigst, wie du selbst dies von Anderen erwarten würdest.*

Die Orientierung an der Idee der Nachhaltigkeit betrifft die *ökonomischen, ökologischen* und *sozialen* Aspekte des Lebens. Der Designer Uwe Boden hat diesen drei Säulen eine vierte hinzugefügt: die der *Ästhetik.* Er stellt sich die Frage, wie das Konzept der Nachhaltigkeit kommuniziert werden kann – und sieht Kommunikationsdesigner als die Experten, die komplexe Sachverhalte vermitteln können. »Die Aufgabe besteht darin, das Leitbild der Nachhaltigkeit durch Gestaltung vereinfacht darzustellen, ohne es zu verfälschen«, schreibt Boden. Erst dann kann gelingen, was der Psychologe Daniel Goleman als Kreativität definiert: die Dinge ein bisschen besser zurückzulassen, als man sie vorgefunden hat. Leider ist die Welt auch voller Menschen, die, manchmal ohne es zu bemerken, das Vorgefundene *schlechter* hinterlassen. Dies geschieht, wenn wir Intelligenz und Kreativität nur einsetzen, um egoistische Ziele zu verfolgen. Dies wird vielleicht Arbeitgebern gerecht, die unfähig sind zu verstehen, dass gute Ökonomie mehr bedeutet als Profitmaximierung. Kreativität betrifft nicht nur die Arbeit, sondern das Leben. Und das setzt uns vor viel grundsätzlichere Fragen. Jack Kornfield fasst sie zusammen: »Wo investieren wir unsere Zeit, unsere Kraft, unsere Kreativität, unsere Liebe? Wir sollten unser Leben ohne Sentimentalität, Übertreibung oder Idealismus anschauen. Spiegelt die Richtung, die wir eingeschlagen haben, wirklich das, was wir zutiefst wertschätzen?«

Kreativität wird erst zur Lebensform, wenn wir nicht aufhören darüber nachzudenken, welchen Sinn unsere Arbeit hat, welche Richtung wir einschlagen wollen und wie wir die Welt besser hinterlassen. Die gute Botschaft dieser tiefgründigen Fragen besteht darin, dass wir jederzeit die Möglichkeit haben, die Richtung zu ändern und damit zu beginnen, anders zu leben und zu arbeiten. Kreativität hat die Kraft, vieles zu verändern. »Unser Schaffen verbindet Kunst und Überleben, Kunst und Heilung, Kunst und sozialen Wandel. Es gibt eine Verbindung zwischen dem Drang nach Schönheit, dem Drang nach Gesundheit und dem Drang nach politischer Freiheit. (…) Kultur und Kunst sind lebensnotwendige Ressourcen für das Überleben. Schöpfung ist sowohl in Kunst als auch in Wissenschaft, Technologie und Alltag eine ursprüngliche Quelle menschlicher Verwirklichung. Kreativität kann Konformität als Primär-Modus sozialen Daseins ersetzen«, schreibt der Improvisationsmusiker und Autor Stephen Nachmanovitch.

WIR HABEN JEDERZEIT DIE MÖGLICHKEIT, DIE RICHTUNG ZU ÄNDERN UND DAMIT ZU BEGINNEN, ANDERS ZU LEBEN UND ZU ARBEITEN

9

VERSTAND UND GEFÜHL

Wir brauchen unseren Kopf, um Probleme zu erkennen und um sie zu lösen. Wer sich weigert, ernsthaft nachzudenken, wählt die Bequemlichkeit, und es fehlt ihm wohl der Mut, sich seines eigenen Verstandes zu bedienen. Dumme Menschen sind nicht nur unkreativ und langweilig, sondern sie sind auch leicht verführbar und richten schnell Unheil an. Dummheit ist entweder fremdgesteuert und hält sich an alle Befehle oder sie ist permanent egoistisch und feiert die prinzipielle Verweigerung. Aber auch der höchste IQ reicht nicht aus, um die Komplexität der Welt vollständig zu erfassen. Wir sind keine Götter. Das rationale Denken ist daher darauf angewiesen, zu vereinfachen, um Probleme auch lösen zu können. Aber das, was wir unter Intelligenz verstehen, reicht nicht aus, um die Begabung von Menschen zu bestimmen – sie erfasst nicht die schöpferische Kraft. Kreativität erfordert daher mehr als nur intelligentes Vorgehen, sonst tun wir nur, was wir sollen, und nicht mehr, was wir wollen. Gerade kreative Arbeit ist von einer *leidenschaftlichen Hingabe zu einer Tätigkeit* bestimmt, und oft bemerken wir erst nachher, was wir alles geleistet haben. Der Verstand ist nämlich nicht allein. Nur ein geringerer Teil kreativen Lebens und Arbeitens ist *bewusst* geplant. »Eine gewisse sterile Form des Denkens mag auch ohne Gefühle möglich sein. Gerade kreatives Denken jedoch ist entscheidend auf die Gefühle angewiesen«, schreibt der Wissenschaftsjournalist Bas Kast in seinem Buch *Wie der Bauch dem Kopf beim Denken hilft*. Vieles gelingt uns, weil wir Vertrauen in unsere Intuition entwickelt haben und unbewussten Impulsen folgen. Auch irrationale, sogar unerwünschte Gefühle können ein Motor der Kreativität sein. Borwin Bandelow, einer der führenden Angstforscher, meint, dass zwischen Kreativität und Angst ein Zusammenhang besteht. »Angst gibt uns die unendliche Energie, die für Spitzenleistungen erforderlich ist«, schreibt er in seinem *Angstbuch*. Kreative Menschen seien zudem oft »gefühlvoller, emotionaler und leidenschaftlicher als andere«. Angst macht, wenn sie nicht nur lähmt, hypersensibel, und diese tiefen Gefühle fließen oft in Kreativleistungen ein. Nur dumme Menschen haben nie Angst, daher besteht auch hier ein Zusammenhang zur Intelligenz und Kreativität. Nichts motiviert stärker, als eine Angst erfolgreich zu überwinden: daher betreten Künstler mit Sozialphobien oft die Bühne, um das Gefühl der eigenen Überwindung zu genießen. Leider existiert aber auch ein sehr enger Zusammenhang zwischen Ängsten und Alkoholerkrankungen: Das Über-Ich ist in Alkohol löslich, wie Psychologen sagen. Er wirkt angstlösend und das bringt Suchtgefahren mit sich. Einige Ängste können – nicht: müssen! – also eine Quelle der Kreativität sein.

NICHTS MOTIVIERT STÄRKER, ALS EINE ANGST ERFOLGREICH ZU ÜBERWINDEN

Wir fällen oft Urteile und treffen Entscheidungen, ohne zu wissen, wie sie entstanden sind. Auch ohne ein Abwägen der

Argumente finden wir Menschen sympathisch, legen Musik auf oder wählen eine bestimmte Schrift für ein Layout – um dann festzustellen, dass es genau die richtige Entscheidung war. Es war richtig, weil wir *nicht darüber nachgedacht* haben. Eine akribische Analyse scheint also nicht immer zu helfen, weil das, was unser Verstand erfassen kann, begrenzt ist. Sobald wir aber *intuitiv* urteilen, spielt unser Unbewusstes eine tragende Rolle. Und da es langsam ist, auf Erfahrung beruht und wie ein Schwamm die Ereignisse in unserer Umwelt aufsaugt, erfasst es sehr viel mehr als das, was uns bewusst ist. In uns arbeitet permanent etwas weiter an den Fragen, die uns beschäftigen, auch wenn wir das nicht bemerken. »Träume« oder in der Meditation aufsteigende Gedanken geben uns manchmal Hinweise darauf, was tief in uns vorgeht. Intuition ist zwar ungenau und speist sich aus einer uns unbekannten psychischen Quelle, aber sie ist sehr viel umfassender als das rationale, bewusste Denken. Das Unbewusste erfasst gerade unüberschaubar komplexe Probleme in ihrer Breite und »komprimiert diese Informationen zur Intuition«, wie Kast schreibt. Der Verstand reduziert Komplexität manchmal zu stark und er kann so zu scheinbar logischen, aber manchmal überaus dummen Folgerungen kommen. Dies zeigt sich oft im Rückblick. Es gab schlüssige Argumente dafür, dass sich das Automobil nie hätte durchsetzen dürfen: es ist hässlicher, lauter und teurer als ein Pferd, es verschmutzt die Umwelt und hinterlässt einen Haufen Schrott, wenn es nicht mehr fährt. Die Anzahl der Unfälle zeigt, dass uns das Autofahren hoffnungslos überfordert. Die Geschichte verlief dennoch anders. Außer im Zentrum von Wien bekommt man Kutschen seltener zu Gesicht.

Für Bas Kast zerfällt das Ich in zwei Dimensionen: in ein *Sprach-Ich,* den Bereich der Vernunft und des Verstandes. Das Sprach-Ich handelt rational und logisch, es wägt Argumente ab und sortiert die Welt mit Hilfe von Begriffen. Davon unterscheiden lässt sich ein *Erfahrungs-Ich,* »es spricht (...) in Gefühlen, über unseren Körper, über unser Verhalten«. Obwohl das Gefühl mit einem Impuls oft sehr viel schneller urteilt als der Verstand, benötigen alle unbewussten Prozesse mehr Zeit. Wer auf der Grundlage von Gefühlen entscheiden will, muss gelernt haben, seine innere Stimme auch zu hören. Zeitdruck, Lärm, Stress, ein zu voller Magen, Müdigkeit oder Alkohol suggerieren uns zwar einiges, aber sie verzerren natürliche und wahre Gefühle, die uns intuitiv richtig urteilen lassen. Wir sollten lernen, in der Zeit, die wir für das Erkunden der Gefühle brauchen, nicht permanent zu grübeln. Auf sein Gefühl zu hören bedeutet nicht, laufend irrationale oder sogar falsche Entscheidungen zu treffen und sich einzureden, sie seien dennoch richtig. »Es kommt also darauf an, dass wir uns im Alltag mit unserem bewussten Sprach-Ich möglichst für Dinge entscheiden, die unserem unbewussten Erfahrungs-Ich liegen«, schreibt Kast. Gefahren lauern von zwei Seiten: Zum einen darf man nicht Sklave eigener emotionaler Impulse, wie zum Beispiel plötzlicher Wut, werden und völlig unüberlegt handeln. Zum anderen ist eine Hauptquelle persönlicher Fehlentscheidungen, wenn wir länger vorhandene Gefühle ignorieren, nur weil unser Kopf Gegenargumente erfunden hat. Das Zusammenspiel von Sprach- und Erfahrungs-Ich ist daher ganz entscheidend für unsere Motivation: Je größer die Schnittmenge von Verstand und Gefühl, desto mehr Energie haben wir zur Verfügung und desto höher ist die Wahrscheinlichkeit, dass wir unsere Entscheidungen nicht bereuen.

JE GRÖSSER DIE SCHNITTMENGE VON VERSTAND UND GEFÜHL, DESTO MEHR ENERGIE HABEN WIR ZUR VERFÜGUNG

10

DAS FREIE SPIEL

Stephen Nachmanovitch, Musiker, Computer-Künstler und Autor, sagt Ähnliches mit anderen Worten: »Man kann sich vorstellen, dass ein kreativer Mensch zwei innere Figuren verkörpert oder darstellt, eine Muse und einen Redakteur. Die Muse schlägt vor, der Redakteur entscheidet.« Die Ideen und Einfälle kommen aus tiefen Schichten unseres Bewusstseins und es ist von Vorteil, sich im Umgang mit seinen »Geisteszuständen« zu üben, um diesen Vorgang zu begünstigen. Nur die Höflichkeit gegen sich selbst, die Fähigkeit, mit sich selbst befreundet zu sein, entlocken dem Geist die Ideen. Eine Muse ist scheu, sie will vergöttert, verwöhnt und ausgeführt werden. Aber ohne den Redakteur, der vor allem sein Handwerk beherrschen muss, findet nichts einen Ausdruck. Er *realisiert* die schönen Entwürfe. Beide sind aneinandergekettet, ohne handwerkliches Können findet die Inspiration keinen Ausdruck. Das Üben und das Handwerk stehen wahrscheinlich gegenwärtig nicht hoch im Kurs, weil das Beharren auf Technik dem Zufall im Weg stehen kann, den die

Inspiration braucht. Zudem gibt es zu viele (informations-)technikverliebte Männer, die mit ihren Spielzeugen gar nichts Produktives oder gar Schönes mehr hervorbringen. Ihnen reicht völlig aus, was ihre neue Kamera oder ihr neues iPad *theoretisch* können: um dann eine uferlose Menge miserabler Fotos zu machen oder zahllose sinnfreie Apps zu sammeln. Die grenzenlose Zugänglichkeit zur (Pop-)Musik über Internetstreams verbessert nicht den Geschmack der Hörer, sondern führt zum oberflächlichen und zufälligen Konsumieren. Nachmanovich schreibt: »Um kreativ zu sein, brauchen wir Technik, aber auch Freiheit von Technik. Um dieses Ziel zu erreichen, üben wir, bis unsere Techniken ins Unbewusste gleiten. Wenn man beim Radfahren über jede dafür notwendige Handlung nachdenken würde, würde man sofort herunterfallen. Ein Teil der Alchemie, aus der das Üben hervorgeht, ist eine Art Tauschhandel zwischen dem Bewussten und dem Unbewussten. (…) Üben ist nicht nur notwendig für die Kunst, es *ist* die Kunst.«

Nachmanovich weist auf eine Eigenart höherer Lebewesen hin, die *Galumphieren* genannt wird. Damit ist die scheinbar grenzenlose Energie gemeint, die wir von Kindern oder Tierwelpen kennen, wenn sie – ohne zu grübeln, ohne ein Ziel zu haben und ohne an sich oder die Zeit zu denken – spielen. Erwachsene verlieren diese Fähigkeit nicht grundsätzlich, sie ist nur oft tief vergraben. Aber sie beschreibt einen Zustand innerer Freiheit, die mit der Kreativität in engem Zusammenhang steht. Es ist die Fähigkeit zur *Improvisation,* von der die Kreativität lebt. »Die Mittel, um diese Energien anzuzapfen, sind bekannt: körperliche Ertüchtigung, gutes Essen, guter Schlaf, Träume weiterverfolgen, Meditation, die Freuden des Lebens genießen, viel lesen,

ES IST DIE FÄHIGKEIT ZUR IMPROVISATION, VON DER DIE KREATIVITÄT LEBT

breite Erfahrungen sammeln. Wer blockiert ist, möge die großen Eisbrecher ausprobieren: Humor, Freude, Natur«, schreibt Nachmanovitch. Das Erschreckende ist, dass uns diese Mittel tatsächlich bekannt sind, aber was hält davon ab, sie selbst zu erproben? Vielleicht fehlt den einfachen Dingen, die seit tausenden von Jahren praktiziert werden, die Coolness. Religionen und religiöse Praktiken sind per se unmodern, aber neben ihren Gefahren speichern sie ebenso Jahrtausende der Weisheit und Einsicht. Meditation, Wandern oder Pilgern verlangen Anstrengung und Durchhaltewillen. Wenn sie zur Gewohnheit werden, haben sie große Wirkungen – vor allem auf den kreativen Umgang mit Arbeit und eigenem Leben. Aber Meditation lässt sich weder zur Schau stellen noch zur schnellen Mode stilisieren. Natürlich kann man dem allgemeinen Sprachgebrauch folgen und alles, was man gern tut – vom Surfen übers Faulenzen bis zum Joggen –, als Meditation bezeichnen, aber damit folgt man nur einer Ideologie der Werbeindustrie. Trendy sind Buddha-Figuren und die Stockfotos von meditierenden schönen Frauen (übrigens oft in völlig falscher Sitzhaltung), Trend ist nur dieser klösterliche Look. Aber jeden Morgen 25 Minuten ruhig auf einem Kissen zu sitzen und seinen Atem zu zählen und diese Gewohnheit auch jahrelang durchzuhalten, dies bleibt jenseits jeder denkbaren Mode. Es befeuert nicht den Konsum, weil Sie nichts benötigen außer einem Kissen. Sich auf den Atem zu konzentrieren, sagen die Tibeter, sei immer gut: man hat ihn nämlich immer dabei und er kostet nichts. Um seine Konzentrationsfähigkeit zu entwickeln, die nötige Einsamkeit auszuhalten und die Geduld aufzubringen, um der Intuition den nötigen Raum zu geben, ist Übung nötig. Der Zen-Meister und Punk-Musiker Brad Warner spricht offen aus, dass die Sitz-

VIELLEICHT FEHLT DEN EINFACHEN DINGEN, DIE SEIT TAUSENDEN VON JAHREN PRAKTIZIERT WERDEN, DIE COOLNESS

meditation einfach nur langweilig ist. Zumindest am Anfang. Aber er fügt hinzu: »Und lass dir versichern, dass du durch das Rumsitzen und Anstarren von weißen Wänden alles verwandeln kannst. *Alles.* Das ist keine Metapher. Es ist keine Übertreibung. Es ist ganz einfach eine Tatsache.« Die Energie und die Ruhe, um schöpferisch mit Leben und Arbeit umzugehen, liegen nicht außerhalb von uns. Es ist wahrscheinlicher, dass sie verschüttet sind: als Kinder haben wir noch mit unbändiger Energie gespielt, gelernt und Ideen gehabt. Wir brauchen nur etwas Mut und Ehrgeiz und den Hang zur langfristigen Übung, um diese Fähigkeit wieder auszugraben. Stephen Nachmanovitch schreibt: »Die Formel für Kreativität ist einfach. Finde heraus, was dich belastet, und lege es ab, so, wie man einen übervoll bepackten Koffer abstellt, den man viel zu lange getragen hat. Wenn wir frei sind und uns nichts beunruhigen kann (…), dann wird die in uns befindliche Schöpfung, egal was sie im Einzelnen sein mag, herausfließen, völlig natürlich und einfach.«

FINDE HERAUS, WAS DICH BELASTET, UND LEGE ES AB, SO, WIE MAN EINEN ÜBERVOLL BEPACKTEN KOFFER ABSTELLT

S. NACHMANOVITCH

Aber selbst wenn wir Kreativität als einen Weg verstehen, der unser ganzes Leben verändern kann, scheint der Arbeitsalltag mit seinen Pflichten und Zwängen zu verhindern, dass wir ihn gehen. Das moderne Office, in dem viele Menschen arbeiten (müssen), scheint in allem das Gegenteil zu sein von dem, was die Kreativität verlangt. Wir können die Arbeitswelt nicht mit einem Handstreich völlig verändern. Das ist meiner Meinung nach auch gar nicht nötig, weil vieles auch so, wie es geworden ist, seinen Sinn hat. Wer auf seriöse spirituelle Techniken neugierig geworden ist, den kann erst einmal wenig davon abhalten, sich im reflektierteren Umgang mit den eigenen Geistes-

und Gefühlszuständen zu üben. Er muss sich nur etwas Zeit im täglichen Terminplan schaffen, zum Beispiel 15 Minuten vor dem Frühstück. Das ist kein Problem oder nur ein eingebildetes. Und schon die erste Gewöhnung an die kontinuierliche Praxis schafft das Bedürfnis, langsam auch seinen Arbeitsalltag zu verändern; durch sehr kleine Eingriffe, die aber wirksam und effektiv sind. Diese Strategien, die Arbeit aushaltbar zu machen und Freiräume zu schaffen, gab es zu allen Zeiten. Wenn die Rahmenbedingungen für Kreativität heute nicht günstig sind, dann verändern wir sie. Es gibt heute mehr Freiheiten, dies zu tun, als zu irgendeinem anderen historischen Zeitpunkt. Wir müssen uns nur kleine Inseln schaffen – und die ganze Geographie wird sich verändern.

WIR MÜSSEN UNS NUR KLEINE INSELN SCHAFFEN – UND DIE GANZE GEOGRAPHIE WIRD SICH VERÄNDERN

6

EINE SCHALE TEE

1

URLAUB FÜR DIE SEELE

Die Fans der Serie *Mad Men* schätzen den Witz und den Stil des Arbeitsalltags in einer New Yorker Werbeagentur in den 1960er Jahren. Als Teil der Retrokultur können wir im Rückblick allen fiktionalisierten Sehnsüchten folgen: Die Frauen tragen noch Kleider, makellosen Nagellack, üppigen Lippenstift und Schuhe mit Absätzen, die Männer stets Anzüge und weiße Hemden. Die stets heterosexuellen Männer- und Frauenwelten sowie Privat- und Arbeitsleben sind akkurat voneinander getrennt. Die Ehe ist nicht primär ein Ort der Liebe, sondern der bürgerlichen Anpassung – Affären sind also eher die Regel als die Ausnahme. Keiner der Protagonisten wird von einem Smartphone verfolgt, twittert oder bewegt sich im Facebook. Auch in dieser Serienfantasie geraten die Mitarbeiter der Werbeagentur unter Stress, aber an Burnout ist gar nicht zu denken. Dazu ist die Arbeitskultur zu gesellig und das erotische Geschlechterspiel viel zu dominant. Beides verhindert, dass sich die Protagonisten mit ihrer Arbeit überidentifizieren. Und, was uns erst heute auffällt:

Körperliche Gesundheit ist noch kein Thema. Dass Rauchen gesundheitsschädigend ist, hielten viele in den 1960er Jahren für bloße Spekulation. Die Protagonisten treiben keinen Sport und streben nicht nach Idealgewicht. Es gibt quasi keine Szene in *Mad Men,* in der nicht Alkohol, Zigaretten und Kaffee ganztägige und treue Begleiter des Arbeitsalltags wären. Das ist, schaut man in die Arbeitskultur der 1960er Jahre, keine krasse Übertreibung, sondern eine realistische Erzählebene. Heute hingegen gibt es keine Besprechung ohne Mineralwasser – ein fraglos gesundes Getränk, das schlank machen soll –, aber die atemlose Arbeitskultur der Postmoderne ist dennoch wohl kaum gesünder als die der Nachkriegsjahre. Die Krankenstatistik jedenfalls gibt Anlass zum Zweifel! Wie kommt das? Der Gesundheitskult der Gegenwart bezieht sich vor allem auf körperliche Aspekte: natürlich sind Wasser, Vollwertküche und Sport gesünder als Zigaretten, Kaffee und Whisky. Aber die seelischen Aspekte werden dabei oft vergessen: Rauchen mag körperlich schaden, aber es fügt dem Arbeitstag eine Vielzahl kurzer Unterbrechungen hinzu, die das Stresslevel enorm senken können. Da unser Geist sich maximal 45 Minuten konzentrieren kann, machen wir heute in der Regel viel zu wenige Pausen. Raucher, wenn es sich nicht gerade um Stressraucher handelt, pflegen also ihre Psyche und schädigen leider zugleich ihren Körper. In Bezug auf Alkohol gilt Ähnliches: Wer kennt nicht den Geburtstag eines Kollegen, der mittags ein Glas Sekt ausgibt. Solch ein »Mittagswein«, wie er in den Ländern mit besserer Esskultur generell gepflegt wird, senkt das Stresslevel für den Nachmittag. Das ist psychologisch nicht verwunderlich: Alkohol wirkt angstlösend. Darin liegt bei Missbrauch eine seiner Gefahren. Hinter vielen Alkoholpro-

DA UNSER GEIST SICH MAXIMAL 45 MINUTEN KONZENTRIEREN KANN, MACHEN WIR HEUTE IN DER REGEL VIEL ZU WENIGE PAUSEN

blemen stecken eigentlich Angststörungen. Aber so, wie das Glas Wein in Frankreich, Italien und Spanien zum Mittagessen gehört, ist es in einer solchen Pausenkultur verpönt, *zu viel* Alkohol zu trinken. Wein, gerade Rotwein, kann bei ein bis zwei Gläsern am Tag für Körper und Seele gesund sein – und er wird bei größeren Mengen zu einer schädigenden Droge. Hier muss man deutlich unterscheiden! In der heutigen Arbeitswelt ist Alkohol weitgehend ein Tabu, in vielen Branchen auch zurecht ein Kündigungsgrund. Aber unter wohldosiertem Alkoholeinfluss werden die Dinge, wie in der fiktiven Welt der *Mad Men,* nicht so schwer genommen. Es gibt eine Initiative, die fordert: »Rettet den Mittagswein!« Jeder weiß, dass Tage, an denen mittags ein Glas Sekt gereicht wird, weil ein Mitarbeiter Geburtstag hat, anders verlaufen. Nun könnte man meinen, unter dem Einfluss von Alkohol und Pausen würde weniger gearbeitet, weil die Arbeitsatmosphäre lässiger ist. Man darf dabei nicht vergessen, dass vor 50 Jahren eine höhere Wochenarbeitszeit galt und es weniger Urlaubstage gab. Zugleich waren der Druck und die Kontrolle wesentlich geringer. Die Leute waren mit ihrer Arbeit beschäftigt und nicht noch zusätzlich mit permanenter Evaluation und Controlling. Auch der Krankenstand und die Anzahl der berufsbedingten psychischen Erkrankungen waren niedriger. Burnout-, Angst- und Depressionserkrankungen nehmen in den letzten 50 Jahren zu. Betrachtet man den Zeitraum über ein Jahr, in das Urlaubs- und Krankentage mit einfließen, wurde früher länger, mehr und zugleich »gemütlicher« gearbeitet. Es wurde nicht weniger geleistet – nur eben mit geringeren psychischen Belastungen. Es ist schwer, eine klare Position zu finden: Sollte man heute wieder das Glas Wein in der Mittagspause empfehlen? Oder bleibt auch der kultivierte Genuss von Alkohol ein Tabu, weil die Risiken überwiegen? Das muss der individuellen Firmenkultur überlassen und vielleicht sogar ausprobiert werden, bevor wir ein Urteil fällen. Schaut man in die Bücher der Kultur-

und Technikgeschichte, so sind die 1960er Jahre, in denen *Mad Men* spielt, nicht ärmer an Innovationen und epochalen Erfindungen als die hektische, postmoderne Gegenwart. Was ist darunter zu verstehen?

2

IMMER ÜBERALL UND SOFORT

Wir leben in einer postmodernen Zeitkultur, und die ist Segen und Problem zugleich. Die Enge der bürgerlichen Zeit- und Arbeitsordnung sind ersetzt worden durch die Zwänge permanenter und flexibler Selbststrukturierung. Für Kinderlose in den meisten Kreativberufen ist die Zeiteinteilung zur individuellen Entscheidung geworden. Damit lässt es sich gut leben: Wer sonntags oder nachts arbeiten will, kann das tun, und wer werktags lieber im Park liegt, wenn einmal die Sonne scheint, kann das auch tun. Wer abends feiert, darf später aufstehen. Dagegen darf erst spät ins Bett, wer gerade viel Arbeit hat. Wer das Leben in einer solchen Zeitordnung eingeübt hat und nur für sich verantwortlich ist, der hat sehr viel mehr Freiheiten als alle Generationen vor ihm. Er hat zwar keinen Rhythmus, was ab einem bestimmten Lebensalter zu einer Belastung für die Gesundheit werden kann, aber insgesamt ermöglichen die Freiheiten genügend Ausgleichschancen. Da heute so viele Zeitordnungen nebeneinander existieren, scheinen die verschiedenen Generationen und Berufsgruppen auf ganz unterschiedlichen Planeten zu leben. In den großstädtischen Cafés wird Frühstück nicht selten bis 17 Uhr serviert – zum Beispiel für die Leute, die in Bars arbeiten oder feiern und erst am Morgen gegen 9 Uhr ins Bett gehen. Menschen mit Kindern sind dann oft schon wieder über drei Stunden auf den Beinen. Wenn ich morgens mit meiner Tochter im Kinderwagen zum Bäcker laufe, treffe ich Menschen, die noch feiern, sehe in Büros, in denen noch oder schon wieder gearbeitet wird, und begegne Leuten auf dem Weg zur Arbeit oder zu einem Festival. Diese Unterschiede sorgen zunehmend für Zeitkonflikte, man weiß nicht mehr, was man von anderen erwarten kann. »Es gibt keine sozial festgelegte richtige und auch keine falsche Zeit mehr«, schreibt der Zeitforscher Karlheinz Geißler. Das Motto dieser postmodernen Kultur laute daher: »Alles immer, überall und sofort.« Die Generation der *digital natives* wird nervös, wenn Freunde zu lange über diverse Medienkanäle nicht erreichbar sind. Auftraggeber, Kollegen und Vorgesetzte nutzen heute ganz selbstverständlich die private Handynummer, Facebook und andere Medien, die weder rein privater, noch rein beruflicher Natur sind. Pünktlichkeit ist heute weitgehend durch das Mobiltelefon ersetzt. Verabredet werden Zeiträume, die Unverbindlichkeit wird immer mehr zum Konsens und da alle Seiten das wissen, stellt man sich auf die Zeitkultur des anderen halbwegs ein. Das ist in professionellen Zusam-

DA HEUTE SO VIELE ZEITORDNUNGEN NEBENEINANDER EXISTIEREN, SCHEINEN DIE VERSCHIEDENEN GENERATIONEN UND BERUFSGRUPPEN AUF GANZ UNTERSCHIEDLICHEN PLANETEN ZU LEBEN

menhängen eine große Herausforderung: Zum einen muss auf die Hierarchien geachtet werden, zum anderen muss die eigene Zeitordnung mit den Wünschen anderer halbwegs kompatibel sein. Es ist meist unser innerer Zwang, der uns sofort nach dem Aufwachen und zuletzt nach dem Tatort noch einmal kurz die Mails lesen lässt.

Insgesamt erzeugt die Zeit nicht mehr eine feste Lebens- und Arbeitsordnung wie etwa im Mittelalter. Dort folgte man vor allem den Jahres-, Tages- und Nachtzeiten sowie dem christlichen Kalender mit Sonn- und Feiertagen. Der Mensch war so vom Zwang zur Entscheidung weitgehend befreit und die vorgegebene Ordnung galt für alle. Er war verbunden mit dem Rhythmus der Natur und der göttlichen Ordnung. Das ist heute in der westlichen Welt kaum noch vorstellbar. Wir gewinnen scheinbar viel Zeit, weil der Fortschritt uns viele Mühen erspart. Aber der Beschleunigungsprozess der Moderne erzeugt ein Paradox: »Immer mehr Zeit – durch technische Hilfsapparate – gewinnen und trotzdem (oder gerade deshalb?) immer weniger Zeit besitzen«, schreibt der Philosoph Christian Dries. Wir sind heute mit einer pausenlosen Arbeitswelt konfrontiert, die, zumindest für Kreative, oft die Lebenswelt geworden ist. Wenn kreative Arbeit das Leben bestimmt, ist das kein Grund zur Sorge. Aber die junge Postmoderne leidet an einigen Kinderkrankheiten, vor allem an der Atemlosigkeit ihrer Arbeitskultur. Zu vielen Menschen, die sich in ihre Arbeit stürzen, geht zu schnell die Luft aus. Warum?

3

ZEIT GEWINNEN, UM NOCH MEHR ZU ARBEITEN

Da Zeitdruck ein vorherrschendes Gefühl so vieler Menschen ist, sei es privat oder während der Arbeit, sind Zeitmanagementsysteme populär geworden. Sie kommen meist aus dem praktisch orientierten Amerika und sie halten sich nicht mit Theorie auf. Es geht meist darum, sich Ziele zu setzen, die herausfordernd, aber erreichbar sind. Diese werden zu Tagesbeginn oder auch zum Tagesabschluss verschriftlicht, damit sie abgehakt werden können. Die Ziele werden in eine Reihenfolge gebracht, also nach Prioritäten geordnet. Begonnen wird der Arbeitstag mit den wichtigen Aufgaben, nicht mit dem Kleinkram. Da wir uns oft verzetteln, wenn wir intuitiv vorgehen, gewinnen wir tatsächlich schon durch einige Minuten Tagesplanung mehr Zeit. Was die Zeitmanagementsysteme allerdings nicht verhindern können, ist die Maßlosigkeit des inneren Arbeitsdranges. Die gewonnene Zeit nutzen wir – um weiterzuarbeiten. Die praktischen Tipps lassen uns also nicht Zeit gewinnen, sondern sie sind bloß Optimierungstechniken. Sie steigern die Produktivität und die Arbeitsdichte, aber sie verkürzen nicht die Arbeitszeit. Das tiefere Problem besteht darin, dass wir die Arbeit nicht loslassen können und uns zugleich einreden, der Stress käme durch eine Belastung von außen. Die Herausforderungen der Arbeitswelt sind hoch, das ist keine Frage. Aber die inneren Stressfaktoren sind vielleicht noch gewichtiger. Und die lassen sich nicht durch ein geplantes Vorgehen einfach wegrationalisieren. Ein gelassener Umgang mit den Tipps und Tricks der Zeitmanager ist dennoch hilfreich. Wer seinen Tag morgens kurz plant und überblickt, wird sortierter arbeiten. Wenn es anders kommt als geplant, ist das kein Vergehen, sondern oft nur die Begegnung mit dem realen Leben. Die Zeitplanung und -optimierung ist allerdings ganz dem traditionellen Denken von Fortschritt, Verbesserung und rationaler Optimierung verpflichtet. Wir sind aber längst an den Grenzen dieser Art von Wachstum angekommen. Heute sind daher Mittel hilfreicher, die aus einem andere kulturellen Kontext stammen. Sie optimieren die Arbeit nicht, sondern unterbrechen sie. Vielleicht verändern sie sogar die Arbeitskultur insgesamt. Keiner wünscht sich die Allgegenwart von Alkohol und Zigaretten in die Büros zurück, aber ausgehend von einer psychisch krank machenden Arbeitswelt stellt sich die Frage, was an ihre Stelle treten könnte. Wie lassen sich kleine Auszeiten in Verbindung mit kulinarischem Genuss wieder einführen, damit wir Atem schöpfen können? Hierauf sind Zeitmanagementsysteme keine Antwort, sondern die Teekultur, die in der Tradition asiatischer Länder eine große Rolle spielt. Würde sie Eingang in den Arbeitsalltag von Kreativen finden, könnten wir dem postmodernen Stress nicht nur äußerlich, sondern auch von innen her begegnen.

DAS TIEFERE PROBLEM BESTEHT DARIN, DASS WIR DIE ARBEIT NICHT LOSLASSEN KÖNNEN

4

FRIEDEN IN EINER TEESCHALE

In den berühmten buddhistischen Lehrgesprächen antworten die Zen-Meister auf die philosophisch schweren Fragen ihrer Schüler oft: »Geh Tee trinken.« Um überhaupt die spirituellen asiatischen Kulturen kennenzulernen, muss man verstehen, welchen Stellenwert der Tee dort traditionell hat. »Die Philosophie des Tees ist nicht nur Ästhetizismus im Alltagssinne des Wortes, denn sie drückt zusammen mit Ethik und Religion unsere ganze Auffassung von Mensch und Natur aus«, schreibt Kakuzo Okakura 1906 in seinem *Buch vom Tee.* Der »Teeismus« ist also nicht zu vergleichen mit dem in Europa dominanten Kaffee. Der hat zwar die großartigen Wiener Kaffeehäuser hervorgebracht, aber keine Alltagskultur, in der sich Spiritualität und Genuss verbinden lassen. »Ins Kaffeehaus geht man, wenn man allein sein will, dazu aber Gesellschaft braucht«, schrieb Alfred Polgar über das berühmte Café Central.

Die japanische Teezeremonie fand ihre jetzige Form im 16. Jahrhundert. Sie war eine Art Friedensbewegung in kriegerischen Zeiten. Der Eingang zum Teehaus ist eine kleine Luke, so dass die stolzen Krieger ihre Schwerter ablegen und sich niederbeugen mussten, um in den Innenraum zu gelangen. Dort gab es keine Geschlechter- oder Standesunterschiede mehr. Laut Kakuzo Okakura haben die Teemeister mit ihren Ritualen nicht nur Einfluss auf die Kunst und die Ästhetik gehabt, sondern auf die ganze Lebensführung. Der Teemeister Sen no Rikyu gab der Zeremonie ihre bis heute gültige Form; er fasst das Ritual zusammen: »Das Wesen der Teezeremonie ist Wasser kochen, Tee bereiten und ihn trinken. Nichts sonst.« In dieser Schlichtheit steckt das ganze Geheimnis der Teekultur, die Reduktion auf das Wesentliche. Und in ihrer alltäglicheren, also weniger strengen Form, ist das achtsame Zubereiten von Tee geeignet, kurze Pausen in unseren hektischen Alltag zu bringen. Tee bietet, jenseits von Nikotin und Alkohol, die Möglichkeit die postmoderne Zeitkultur erträglich zu machen. »Tee trinken, den Lärm der Welt vergessen«, sagt man in China.

WASSER KOCHEN, TEE BEREITEN UND IHN TRINKEN. NICHTS SONST

SEN NO RIKYU

5

DIE WIRKUNG VON TEE

Die ganze Vielfalt des Tees entsteht aus nur einer Pflanze, der *Camellia sinensis.* Sie wächst in drei verschiedenen Varianten und aus ihren Blättern wird grüner, schwarzer und Wulong-Tee (auch: Oolong) produziert. Die wertvollsten Sorten kommen aus China, Indien und Japan. In Asien gibt es seit Jahrhunderten Texte über Tee, die eine ganz eigene Literaturgattung bilden. Tee war ursprünglich reine Medizin, daher existieren zahlreiche Legenden über seine Gesundheitswirkung. Die meisten haben sich nicht nur als richtig erwiesen, sondern werden heute von wissenschaftlichen Ergebnissen noch übertroffen. Sie betreffen vor allem die heilenden Wirkungen des Grüntees.

Tee hat eine Doppelwirkung. Er ist *anregend,* weil er Koffein enthält. Dieses wirkt, wegen einer etwas anderen chemischen Zusammensetzung, allerdings anders als im Kaffee. Der ist direkt über das Herz-Kreislaufsystem aufputschend; allerdings führt dieser schnelle Kick auch zu einem schnellen Leistungsabfall. Tee wirkt über das zentrale Nervensystem kontinuierlicher anregend. Schwarzer Tee ist wegen der in ihm enthaltenen Gerbstoffe zugleich *beruhigend* für die inneren Organe, vor allem die dunklen Assamtees mit längeren Ziehzeiten entfalten diese Wirkung. »Tee fördert den wachen Geist und die Inspiration und ist daher bei Mönchen und Poeten ein hoch geschätztes Getränk. Man schläft sogar auf Teekissen«, schreiben Carla Sternberg und Hu Hsiang-fan, die in Stuttgart eine chinesische Teeschule betreiben (»Die Bambusbrücke«). In allen heißen Ländern des Orients wird Tee getrunken, er kann also nicht nur wärmen, sondern kühlt den Körper zugleich. Der Körper verbraucht die Energie, um die Temperatur des getrunkenen Tees zu reduzieren. Auf der Haut lässt sich tatsächlich eine geringere Temperatur messen.

In den japanischen Tee-Anbaugebieten sterben deutlich weniger Menschen an Krebs als anderswo. Dies hat zu einer Vielzahl von Untersuchungen geführt, die tatsächlich eine Verringerung des Krebsrisikos belegen. Der Ernährungswissenschaftler Itaro Oguni ist davon überzeugt, dass »insbesondere die Catechine sowohl vorbeugende als auch hemmende Wirkungen auf die Krebsbildung besitzen«. Diese Stoffe schränken zudem den Anstieg des Cholesterin- und Blutzuckerspiegels ein, sie töten Kariesbakterien und Grippeviren ab. Grüner Tee enthält für die Zähne gesunde Fluoride, Vitamin C und B.

6

TEE ZUBEREITEN

Viele Menschen meiden Tee, weil er ihnen bisher nur in miserabler Qualität, aromatisiert oder falsch zubereitet begegnet ist. Wer einen billigen Teebeutel in einer Thermoskanne vergisst und diese warme Flüssigkeit drei Stunden später trinkt, dem helfen nicht einmal mehr Milch und Zucker. Da auch die Teekultur vom Zen-Buddhismus beeinflusst ist, wird ähnlich wie in Kunst und Design auch bei der Teezubereitung die Idee der Perfektion abgelehnt: »Es gibt kein einziges Rezept, den Tee vollendet zuzubereiten, ebenso wie es keine Regeln gibt, einen Tizian oder einen Sesso zu malen. Jede Zubereitung der Blätter hat ihre Eigenheit, ihr besonderes Verhältnis zu Wasser und Wärme, sie trägt bestimmte Erinnerungen mit sich und hat ihre eigene Art, eine Geschichte zu erzählen. Das wahrhaft Schöne muss immer darin enthalten sein«, schreibt Kakuzo Okakura in seinem *Buch vom Tee.* Wenn einige Handgriffe sitzen und Sie die nötige Zeit investieren, ist das tägliche Zubereiten von gutem Tee keine große Herausforderung – geschmackliche Unterschiede werden Sie dennoch immer wieder bemerken.

Guten Tee müssen Sie im Teeladen kaufen, weil Sie nur dort alle nötigen Informationen bekommen. Sie können Empfehlungen folgen und oft wird dort auch Tee ausgeschenkt. Meist steht die nötige Wassertemperatur und die Ziehzeit auf dem Etikett der Verpackung. Guter Tee wird in der Regel *ohne Milch und Zucker getrunken.* Schwarze Tees werden mit kochendem Wasser aufgebrüht und ziehen zwischen einer und fünf Minuten. Die großblättrigen Darjeelings ziehen zwischen einer und drei Minuten, die dunklen, gebrochenen Assamtees zwei bis drei Minuten. Wenn Sie Ostfriesentee trinken möchten, der mit Kandis und Milch (oder traditionell einer besonderen Sahne) getrunken wird, können Sie diese sehr kräftigen Teemischungen bis fünf Minuten ziehen lassen. Tee bedarf keiner weiteren Aromatisierung, von der chinesischen Kunst, ihn auf Jasmin- oder Kirschblüten auszubreiten, einmal abgesehen. Bei Grüntee und Oolong variieren die Zeit- und Temperaturangaben. Viele Grüntees werden bei 70°C bis 80°C und einer Ziehzeit zwischen einer und zwei Minuten zubereitet. Sie benötigen daher ein Thermometer, um die Wassertemperatur zu kontrollieren. Bei mehreren Aufgüssen dieser Tees wird die Ziehzeit immer kürzer. Nachdem Sie den Tee zubereitet haben, sollten Sie ihn sofort trinken.

7

DIE KUNST, TEE ZU TRINKEN

Um einen Tee behutsam zuzubereiten und ihn zu trinken, brauchen Sie eine gewisse Zeit und Ruhe. Die kleine Alltagszeremonie ist geeignet, um die Arbeit zu unterbrechen. Wenn Sie das Teekochen als Achtsamkeitsübung praktizieren wollen, dann halten Sie sich an die alte Regel der Teemeister: »Wasser kochen, Tee bereiten und ihn trinken. Nichts sonst.« Nur *eine* Sache zu tun ist für unseren unruhigen Geist Entlastung und Übung zugleich. Xu Ci-shu zählt in seinen *Notizen über den Tee* aus dem Jahr 1597 die günstigen Augenblicke auf, Tee zu trinken: »Wenn man unruhig ist« und »wenn wir zu lange gelesen und gedichtet haben«. Die Erschöpfung kreativer Arbeit ist groß, und damit kurz aufzuhören, um sich mit einem Tee zu stärken, gibt uns wieder Kraft und schafft Abstand. Zu den ungünstigen Situationen für das Teetrinken zählt Xu »bei der Arbeit« und »beim Lesen und Studieren«, aber auch »wenn man unter Druck und Zwang steht« oder »beim Briefeschreiben«. Übersetzen wir diese mittelalterlichen Hinweise einmal für unseren heutigen Berufsalltag, so sollten wir also nicht während der Arbeit nebenher schnell ein anregendes Getränk zu uns nehmen. Der Kaffee ist leider zu einem permanenten aufputschenden Begleiter *während* stressiger Arbeit verkommen. Das Teetrinken sollte alle Arbeiten, ob Lesen, E-Mails schreiben, Bilder bearbeiten oder Layouts entwerfen, *unterbrechen!*

Es geht also bei dieser alltäglichen kleinen Teezeremonie einerseits um den Tee selbst, aber ebenso um das Loslassen der momentanen Arbeitsaufgaben, wenn auch nur für kurze Zeit und als Pause. Es ist kein Zufall, dass eine so gewöhnliche Sache wie eine Teepause dazu fähig ist, dem ganzen Arbeitstag eine andere Färbung zu geben. »Das ganze Ideal des Teeismus ist ein Ergebnis der Anschauung des Zen, dass auch in den kleinsten Begebenheiten des Alltagslebens das Große liegt«, schreibt Kakuzo Okakura. Wenn Sie hektische, atemlose Tage nur zwei Mal unterbrechen, um 20 Minuten in Ruhe Tee zu kochen und ihn zu trinken, werden Sie bemerken, dass diese Kleinigkeit enorme Auswirkungen auf die Gesundheit, auf die Konzentration und schließlich auf Ihre Kreativität hat. Im Japanischen werden Menschen, die »für die Tragikomik des eigenen Erlebens« keinen Sinn haben, also die Dinge zu ernst nehmen, als *Menschen ohne Tee in sich* bezeichnet. »Dagegen lehnen wir auch wieder jeden unbeherrschten Ästheten ab, der, ohne Rücksicht auf die irdische Tragödie, sich von der Flut seiner entfesselten Gefühle fortreißen lässt, als einen, der *zu viel Tee* in sich hat«, schreibt Okakura. Es kommt also auf die richtige Dosierung an.

Wenn Zen-Meister auf die Frage, was ein klarer Geist ohne Hindernis sei, einfach antworten: »Geh Tee trinken!«, so steckt dahinter der Hinweis auf die unendlich große Bedeutung des Alltags. Der ist gewöhnlich, nicht besonders. Er geschieht einfach, ihm fehlt die dramatische Musik. Was uns Stress bereitet, bis wir krank werden, kann nur eine so große Bedeutung bekommen, weil wir meinen, die Welt hinge davon ab. Wir haben Angst vor der Zukunft, sind unzufrieden mit der Gegenwart und ärgern uns über die Vergangenheit. Mit uns selbst sind wir im Unreinen, weil wir uns für zu unkreativ, zu ungebildet, zu unsportlich, zu unattraktiv, zu arm oder zu träge halten. Am anderen Ende dieser Skala finden sich maßlose Selbstüberschätzung, Egozentrik und Narzissmus. Aber jeder muss seine Mitte finden, und dort ist es ruhig und unspektakulär. Die Zen-Meisterin Joko Beck sagte in einem Vortrag »Es gibt nichts anderes als das tägliche Leben«. Wir können diesen Satz, wenn wir kreative Arbeit und kreatives Leben nicht mehr trennen wollen, variieren: *Es gibt nichts anderes als die tägliche Arbeit!* Das scheinen wir aber oft zu vergessen, weil aus dem Schöpferischen eine so große Sache gemacht wird. Dabei ist auch die Kreativität nichts, was einen Heiligenschein verdient. Sie gehört zum Leben, für manche mehr, für andere weniger. Für einige ist sie der Lebensmittelpunkt. Aber selbst dann: das Leben ist vergänglich, es ist kurz. Um das unter dem Druck der Herausforderungen nicht zu vergessen, müssen wir lernen, innezuhalten. Die beste Antwort auf die Fragen nach einer Arbeitskunst ist daher:

—

WAS UNS STRESS BEREITET KANN NUR EINE SO GROSSE BEDEUTUNG BEKOMMEN, WEIL WIR MEINEN, DIE WELT HINGE DAVON AB

—

▲

Geh Tee trinken!

LITERATUR

◆

ADORNO, THEODOR W.
Kulturkritik und Gesellschaft.
2. Bde. Suhrkamp, Frankfurt/Main: 2003.

AITKEN, ROBERT
Zen als Lebenspraxis. Diederichs, Kreuzlingen/München: 2003.

ALTMANN, PETRA / LECHNER, ODILO
Leben nach Maß. Die Regel des heiligen Benedikt für Menschen von heute.
Herder, Freiburg: 2009.

ARENDT, HANNAH
Vita activa oder vom tätigen Leben.
Piper, München: 2002.

ARMBRUSTER, JÜRGEN U.A. (HG.)
Spiritualität und seelische Gesundheit.
Psychiatrie Verlag, Köln: 2013.

◆

BANDELOW, BORWIN
Das Angstbuch. Woher Ängste kommen und wie man sie bekämpfen kann.
Rowohlt, Reinbek: 2006.

BANDELOW, BORWIN
Celebrities: Vom schwierigen Glück, berühmt zu sein. Rowohlt, Reinbek: 2007.

BANDELOW, BORWIN
Wenn die Seele leidet: Handbuch der psychischen Erkrankungen.
Rowohlt, Reinbek: 2011.

BARTHES, ROLAND
Wie zusammen leben.
Suhrkamp, Frankfurt/Main: 2007.

BARTMANN, CHRISTOPH
Leben im Büro. Die schöne neue Welt der Angestellten. Hanser, München: 2012.

BATCHELOR, STEPHEN
Bekenntnisse eines ungläubigen Buddhisten.
Herder, Freiburg: 2012.

BAYDA, EZRA
Zen oder die Kunst, einen Weg aus den Sümpfen des Alltags zu finden.
Arbor, Freiburg: 2008.

BAYDA, EZRA
Zen sein – Zen leben. Goldmann, München: 2003.

BECK, CHARLOTTE YOKO
Zen im Alltag.
Goldmann, München: 2011.

BERZBACH, FRANK
Der Tod als heimliches Schnittmuster.
In: Kugler, I. / Isenbort, G.: *Fashion talks.* Museum für Kommunikation, Berlin: 2011, S. 232–239.

BERZBACH, FRANK
Der innere Käfig. In: sushi 14. Hg. Art Directors Club Deutschland. HfG Offenbach, Ludwigburg: 2012.

BERZBACH, FRANK
Kreativität aushalten. Psychologie für Designer. Verlag Hermann Schmidt, 4. Auflage, Mainz: 2014.

BETZ, HANS DIETER U.A. (HG.)
Religion in Geschichte und Gegenwart. Handwörterbuch für Theologie und Religionswissenschaft. (RGG). Mohr Siebeck, 4. Auflage, Tübingen: 1998.

BEUYS, JOSEPH
Sprechen über Deutschland.
FIU: Wangen/Allgäu: 2002.

BEUYS, JOSEPH
Mein Dank an Lehmbruck. Eine Rede.
Schirmer & Mosel: München: 2006.

BEUYS, EVA (HG.)
Joseph Beuys. Das Geheimnis der Knospe zarter Hülle. Texte 1941–1986, Schriftblätter aus dem Nachlass.
Schirmer & Mosel, München: 2002.

BIERI, PETER
Wie wollen wir leben?
Residenz, Salzburg: 2011.

BODEN, UWE
Ästhetik als vierte Säule der Nachhaltigkeit. In: KAP # 4, 2009.

BOTTINI, OLIVER
Das große O. W. Barth-Buch des Zen.
Barth, Frankfurt/Main: 2010.

BRANTSCHEN, NIKLAUS / GYGER, PIA
Via Integralis. Wo Zen und christliche Mystik sich begegnen. Ein Übungsweg. Kösel, München: 2011.

BRANTSCHEN, NIKLAUS
Auf dem Weg des Zen. Als Christ Buddhist. Kösel, 4. Auflage, München: 2007.

BRENNER, ANDREAS / ZIRFAS, JÖRG
Lexikon der Lebenskunst. Reclam, Leipzig: 2002.

BRINKER, HELMUT
Zen in der Kunst des Malens. Barth, Frankfurt/Main: 2000.

BUCHER, ANTON A.
Psychologie der Spiritualität. Beltz PVU, Weinheim: 2007.

BUNGE, GABRIEL
Akedia. Die geistliche Lehre des Evagrios Pontikos vom Überdruss. Der christliche Osten (Verlag), 6. Auflage, Würzburg: 2009.

BUNGE, GABRIEL
Drachenwein und Engelsbrot. Die Lehre des Evagrios Pontikos von Zorn und Sanftmut. Der christliche Osten (Verlag), Würzburg: 1999.

◆

CACIOPPO, JOHN T. / PATRICK, WILLIAM
Einsamkeit. Woher sie kommt, was sie bewirkt, wie man ihr entrinnt. Spektrum, Heidelberg: 2012.

CAGE, JOHN
Silence. Suhrkamp, Frankfurt/Main: 1995.

CRAWFORD, MATTHEW B.
Ich schraube, also bin ich. Vom Glück, etwas mit den eigenen Händen zu schaffen. Ullstein, Berlin: 2010.

◆

DALAI LAMA / EKMAN, PAUL
Gefühl und Mitgefühl. Emotionale Achtsamkeit und der Weg zum seelischen Gleichgewicht. Spektrum, Heidelberg: 2009.

DALAI LAMA
Meine spirituelle Autobiographie. Diogenes, Zürich: 2009.

DUHIGG, CHARLES
Die Macht der Gewohnheit. Warum wir tun, was wir tun. Berlin Verlag, Berlin: 2012.

◆

EHN, BILLY / LÖFGREN, ORVAR
Nichtstun. Eine Kulturanalyse des Ereignislosen und Flüchtigen. Hamburger Edition, Hamburg: 2012.

EHRENBERG, ALAIN
Das erschöpfte Selbst. Depression und Gesellschaft in der Gegenwart. Suhrkamp, Frankfurt/Main: 2008.

ENNENBACH, MATTHIAS
Buddhistische Psychotherapie. Ein Leitfaden für heilsame Veränderungen. Windpferd, Oberstdorf: 2010.

ENOMIYA-LASSALLE, HUGO M.
Kraft aus dem Schweigen. Patmos, Düsseldorf: 2005.

ENOMIYA-LASSALLE, HUGO M.
Zen-Meditation für Christen. Barth, Frankfurt/Main: 2005.

ESPOSITO, ELENA
Die Verbindlichkeit des Vorübergehenden. Paradoxien der Mode. Suhrkamp, Frankfurt/Main: 2004.

◆

FELLMANN, FERDINAND
Philosophie der Lebenskunst. Zur Einführung. Junius, Hamburg: 2009.

FISCHER, KNUT / SMERLING, WALTER
Joseph Beuys im Gespräch.
Kunst Heute Nr. 1,
Kiepenheuer & Witsch, Köln: 1989.

FOER, JONATHAN SAFRAN
Tiere essen.
Kiepenheuer & Witsch, 11. Auflage,
Köln: 2010.

◆

GAI, WANG / LIU-FANG, LI
Der Senfkorngarten. Lehrbuch der chinesischen Malerei.
2 Bde. Otto Maier, Ravensburg: 1987.

GAZZANIGA, MICHAEL
Die Ich-Illusion. Wie Bewusstsein und freier Wille entstehen.
Hanser, München: 2012.

GLASSMAN, BERNARD
Anweisungen für den Koch. Lebensentwurf eines Zen-Meisters.
Goldmann, München: 1999.

GLASSMAN, BERNARD
Das Herz der Vollendung. Unterweisungen eines westlichen Zen-Meisters.
dtv, München: 2006.

GLASSMAN, BERNARD
Zeugnis ablegen. Buddhismus als engagiertes Leben.
Theseus, Berlin: 2001.

GOLEMANN, DANIEL U. A.
Kreativität entdecken.
Hanser, München: 1997.

GRÜN, ANSELM
Der Anspruch des Schweigens.
Vier-Türme-Verlag,
Münsterschwarzach: 2006.

GRÜN, ANSELM
Auf dem Weg. Zu einer Theologie des Wanderns. Vier-Türme-Verlag,
11. Auflage, Münsterschwarzach: 2008.

GRÜN, ANSELM
Exerzitien für den Alltag.
Vier-Türme-Verlag,
Münsterschwarzach: 2009.

◆

HABITO, RUBEN
Zen leben – Christ bleiben.
O.W. Barth, Frankfurt/Main: 2006.

HADOT, PIERRE
Philosophie als Lebensform. Antike und moderne Exerzitien der Weisheit.
Fischer, Frankfurt/Main: 2002.

HAMMER, MATTHIAS
Das innere Gleichgewicht finden. Achtsame Wege aus der Stressspirale.
Balance, Bonn: 2009.

HANH, THICH NHAT
Lächle deinem eigenen Herzen zu. Wege zu einem achtsamen Leben.
Herder, Freiburg: 1999.

HANH, THICH NHAT
Ärger. Befreiung aus dem Teufelskreis destruktiver Emotionen. Goldmann,
5. Auflage, München: 2007.

HANH, THICH NHAT
Nimm das Leben ganz in deine Arme. Die Lehre Buddhas über die Liebe.
dtv, 2. Auflage, München: 2007.

HARLAN, VOLKER
Was ist Kunst? Werkstattgespräch mit Beuys.
Urachhaus, 6. Auflage, Stuttgart: 2001.

HAUBL, ROLF
Allein bei sich, außer sich: einsam.
In: Karsten Münch u. a.: *Die Fähigkeit, allein zu sein.*
Psychosozial Verlag, Gießen: 2009.

HENGSBACH, FRIEDHELM
Die Zeit gehört uns. Widerstand gegen das Regime der Beschleunigung.
Westend, Frankfurt/Main: 2012.

HERRIGEL, EUGEN
Zen in der Kunst des Bogenschießens / Der Zen-Weg. Fischer, Frankfurt/Main: 2004.

HERZOG, HAL
Wir streicheln und wir essen sie. Unser paradoxes Verhältnis zu Tieren.
Hanser, München: 2012.

HSIANG-FAN, HU /
STEENBERG, CARLA
Das Geheimnis des Tees.
Kamphausen, Berlin: 2009.

◆

IMMERFALL, STEFAN /
WASNER, BARBARA
Freizeit.
UTB/Barbara Budrich,
Opladen u.a.: 2011.

INOUE, YASUSHI
Das Jagdgewehr. Roman.
Suhrkamp, Frankfurt/Main: 2007.

INOUE, YASUSHI
Der Tod des Teemeisters. Roman.
Suhrkamp, Frankfurt/Main: 2008.

◆

JAMES, WILLIAM
Die Vielfalt religiöser Erfahrung.
Insel, Frankfurt/Main: 1997.

◆

KABAT-ZINN, JON
Gesund durch Meditation.
Fischer, 6. Auflage,
Frankfurt/Main 2009.

KABAT-ZINN, JON
Im Alltag Ruhe finden: Meditationen für ein gelassenes Leben.
Knaur, München: 2010.

KABAT-ZINN, MYLA UND JON
Mit Kindern wachsen: Die Praxis der Achtsamkeit in der Familie.
Arbor, 6. Auflage, Freiburg: 2011.

KABAT-ZINN, JON
Zur Besinnung kommen: Die Weisheit der Sinne und der Sinn der Achtsamkeit in einer aus den Fugen geratenen Welt.
Arbor, Freiburg: 2008.

KAFKA, FRANZ
Tagebücher 1910–1923.
Fischer, Frankfurt/Main: 1992.

KAHNEMAN, DANIEL
Schnelles Denken, langsames Denken.
Siedler, München: 2011.

KAPLEAU, PHILIP
Die drei Pfeiler des Zen. Lehre, Übung, Erleuchtung. Barth, 16. Auflage,
Frankfurt/Main: 2009.

KAST, BAS
Wie der Bauch dem Kopf beim Denken hilft. Die Kraft der Intuition.
Fischer, Frankfurt/Main: 2007.

KAWABATA, YASUNARI
Tausend Kraniche. Roman.
dtv, München: 1989.

KAWAKAMI, HIROMI
Der Himmel ist blau, die Erde ist weiß.
Roman. Hanser, München: 2008.

KENKO, YOSHIDA
Betrachtungen aus der Stille. Tsurezuregusa. Insel, Frankfurt/Main: 1963.

KHEMA, AYYA
Buddha ohne Geheimnis. Die Lehre für den Alltag. Theseus, Berlin: 1986.

KLEIN, NANCY MAGUIRE
In der Stille vieler kleiner Stunden. Fünf Kartäuser-Novizen auf der Suche nach Gott.
Arkana/Goldmann, München: 2007.

KNUF, ANDREAS
Ruhe da oben! Der Weg zu einem gelassenen Geist. Arbor, Freiburg: 2010.

KOREN, LEONARD
Wabi-sabi für Künstler, Architekten und Designer: Japans Philosophie der Bescheidenheit.
Wasmuth, Tübingen: 2007.

KORNFIELD, JACK
Das weise Herz. Die universellen Prinzipien buddhistischer Psychologie.
Goldmann/Arkana, 3. Auflage 2008.

KORNFIELD, JACK
Frag den Buddha und geh den Weg des Herzens. Fernöstliche Lehren für den westlichen Alltag.
Kösel, 8. Auflage, München: 2012.

KORNFIELD, JACK
Nach der Erleuchtung Wäsche waschen und Kartoffeln schälen: Wie spirituelle Erfahrung das Leben verändert.
Goldmann, München: 2010.

KORNFIELD, JACK
Das innere Licht entdecken: Heilende Meditationen für schwierige Lebensphasen.
Kösel, 2. Auflage, München: 2012.

◆

LAMBERT, WILLI
Aus Liebe zur Wirklichkeit. Grundworte ignatianischer Spiritualität.
Topos, 8. Auflage, Kevelaer: 2008.

LEVINE, ROBERT
Eine Landkarte der Zeit. Wie Kulturen mit Zeit umgehen.
Piper, München/Zürich: 1997.

LI, LYKKE
Youth Novels.
2LP, Atlantic Recording, New York: 2008.

LITSCH, FRANZ-JOHANNES
Die Bedeutung der Arbeit im Buddhismus. Vortragsskript zur Tagung »Religion prägt Arbeit – prägt Arbeit Religion?«,
Evangelische Akademie, Bad Boll: 2008

LOORI, JOHN DAIDO
Das Zen der Kreativität.
Theseus, Berlin: 2006.

LUDWIG, ARNOLD
The price of greatness. Resolving the Creativity and Madness Controversy.
Guilford Press, New York: 1995.

LYOBOMIRSKY, SONJA
Glücklich sein.
Campus, Frankfurt/Main: 2008.

◆

MAEZUMI, TAIZEN
Das Herz des Zen. Theseus, Berlin: 2002.

MANN, THOMAS
Tagebücher. 10 Bde. Sonderausgabe, S. Fischer, Frankfurt/Main: 1997.

MARQUARD, ODO
Skepsis und Zustimmung. Philosophische Studien. Reclam, Stuttgart: 1994.

MATTHEWS, ANTHONY
Auf dem Weg des Buddhas. Durch Meditation zu Glück und Erkenntnis.
Herder, Freiburg: 2010.

MENKE, CHRISTOPH / REBENTISCH, JULIANE (HG.)
Kreation und Depression. Freiheit im gegenwärtigen Kapitalismus.
Kadmos, Berlin: 2012.

MERTON, THOMAS
Der Berg der sieben Stufen. Autobiographie. Benzinger, Zürich u.a.: 1985.

MERTON, THOMAS
Der Mönch der sieben Stufen. Tagebücher. Patmos, Düsseldorf: 2000.

MERTON, THOMAS
Im Einklang mit sich und der Welt. Contemplation in a World of Action.
Diogenes, Zürich: 1992.

MERTON, THOMAS
Meditationen eines Einsiedlers. Über den Sinn von Meditation und Einsamkeit.
Benziger, 3. Auflage, Zürich u.a.: 1984.

MÜNCH, KARSTEN U.A. (HG.)
Die Fähigkeit, allein zu sein. Zwischen psychoanalytischem Ideal und gesellschaftlicher Realität.
Psychosozial Verlag, Gießen: 2009.

◆

NACHMANOVITCH, STEPHEN
Das Tao der Kreativität. Schöpferische Improvisation in Leben und Kunst.
Barth/Fischer, Frankfurt/Main: 2008.

NAKAGAWA, FUMON S.
Zen – weil wir Menschen sind.
Theseus, Berlin: 1997.

NOUWEN, HENRI J.M.
Ich hörte auf die Stille. Sieben Monate im Kloster.
Herder, Freiburg: 2001.

◆

OBERMAYER, KARL
Zurück zur reinen Quelle. Zen-Einsichten und Kalligraphien. Theseus, Berlin: 2004.

OHTSU, DAIZOHKUTSU R.
Der Ochs und sein Hirte. Eine altchinesische Zen-Geschichte. Klett-Cotta, Stuttgart: 1958.

OKAKURA, KAKUZO
Das Buch vom Tee. Insel, 3. Auflage, Frankfurt/Main: 2002.

◆

PANIKKAR, RAIMON
Den Mönch in sich entdecken. Kösel, München: 1989.

PETERSON, C. / SELIGMAN, M.E.P.
Character strengths and virtues. Oxford University Press, New York: 2004 / zitiert nach: Anton Bucher: 2009.

PICARD, MAX
Die Welt des Schweigens. Fischer, Frankfurt/Main: 1959.

PIRSIG, ROBERT M.
Zen und die Kunst ein Motorrad zu warten. Ein Versuch über Werte. Fischer, Frankfurt/Main: 1978.

PONTICUS, EVAGRIUS
Die große Widerrede. Antirrhetikos. Vier-Türme-Verlag, Münsterschwarzach: 2010.

POST, F.
Creativity and psychopathology. A study of 291 world-famous men. The British Journal of Psychiatry (1994), 165: p. 22–34.

PÜSCHEL, EDITH
Selbstmanagement und Zeitplanung. UTB/Schöningh, Paderborn: 2010.

◆

RAHNER, KARL / FELGER, ANDREAS
Von der Gnade des Alltags. Herder, Freiburg: 2006.

RAHNER, KARL
Grundkurs des Glaubens. Einführung in den Begriff des Christentums. Herder, Freiburg: 2013.

RICARD, MATTHIEU
Glück. Knaur, München: 2007.

RICHARD, URSULA
Stille in der Stadt. Ein City-Guide für kurze Auszeiten und überraschende Begegnungen. Kösel, München: 2011.

ROSA, HARTMUT
Beschleunigung. Suhrkamp, 9. Auflage, Frankfurt/Main: 2005.

RUPPERT, FIDELIS / GRÜN, ANSELM
Bete und arbeite. Eine christliche Lebensregel. Vier-Türme-Verlag, 8. Auflage, Münsterschwarzach, 2003.

◆

SAHN, SEUNG
Der Kompass des Buddhismus. Orientierung auf dem Weg. Theseus, Berlin: 2002.

SAWAKI, KODO
Tag für Tag ein guter Tag. Angkor, Frankfurt/Main: 2008.

SAWAKI, KODO
Zen ist die größte Lüge aller Zeiten. Angkor, Frankfurt/Main: 2005.

SCHAFER, MURRAY R.
Die Ordnung der Klänge. Eine Kulturgeschichte des Hörens. Schott, Berlin: 2010.

SCHIRMER, LOTHAR
Joseph Beuys, eine Werkübersicht. Schirmer & Mosel: München u.a.: 2001.

SCHMID, WILHELM
Mit sich selbst befreundet sein. Suhrkamp, Frankfurt/Main: 2004.

SCHMID, WILHELM
Schönes Leben? Einführung in die Lebenskunst. Suhrkamp, Frankfurt/Main: 2005.

SCHMID, WILHELM
Philosophie der Lebenskunst. Eine Grundlegung. Frankfurt/Main: 1998.

SCHMID, WILHELM
Glück. Insel, Frankfurt/Main: 2007.

SCHÖPF, ALOIS
Glücklich durch Gehen. Über die Heilkraft des Bergwanderns. Limbus, Innsbruck: 2012.

SCHUMANN, HANS WOLFGANG
Handbuch Buddhismus. Diederichs, 2. Auflage, Kreuzlingen/München: 2008.

SENNETT, RICHARD
Handwerk. Hauser, München: 2008.

SEUBOLD, GÜNTER / SCHMAUS, THOMAS (HG.)
Ästhetik des Zen-Buddhismus. DenkMal, Alfter: 2011.

SHAPIRO, SHAUNA / CARLSON, LINDA
Die Kunst und Wissenschaft der Achtsamkeit. Die Integration von Achtsamkeit in Psychologie und Heilberufe. Arbor, Freiburg: 2011.

SHEPHERD-KOBEL, KATHARINA
Zen in der Kunst der Tuschmalerei. Theseus, Berlin: 2005.

SHUSTERMAN, RICHARD
Leibliche Erfahrung in Kunst und Lebensstil. Akademie Verlag, Berlin: 2005.

SINGER, WOLF / RICARD, MATTHIEU
Hirnforschung und Meditation. Suhrkamp, Frankfurt/Main: 2008.

SLOTERDIJK, PETER
Der ästhetische Imperativ. Schriften zur Kunst. EVA, Hamburg: 2007.

SLOTERDIJK, PETER
Du musst dein Leben ändern. Suhrkamp, Frankfurt/Main: 2009.

SOSHITSU, SEN
Der Geist des Tees. Theseus, Berlin: 2004.

SOSHITSU, SEN
Ein Leben auf dem Teeweg. Theseus, Zürich/München: 1991.

STACHELHAUS, HEINER
Joseph Beuys. Ullstein/List, 2. Auflage, Berlin: 2006.

STRÄSSLE, THOMAS
Gelassenheit. Über eine andere Haltung zur Welt. Hanser, München: 2013.

STÜTTGEN, JOHANNES
Der Ganze Riemen. Joseph Beuys – der Auftritt als Lehrer an der Kunstakademie Düsseldorf 1966–72. König, Köln: 2008.

SUZUKI, DAISETZ T.
Die große Befreiung. O.W. Barth, Frankfurt/Main: 2005.

SUZUKI, DAISETZ T.
Zen und die Kultur Japans. Rowohlt, Reinbek: 1958.

SUZUKI, SHUNRYU
Zen-Geist Anfänger-Geist. Unterweisung in Zen-Meditation. Herder, Freiburg: 2009.

SUZUKI, SHUNRYU
Leidender Buddha – Glücklicher Buddha. Zen-Unterweisungen. Theseus, Bielefeld: 2009.

SZEEMANN, HARALD (HG.)
Beuysnobiscum. Philo Fine Arts / EVA, Hamburg: 2008.

◆

TANIZAKI, JUN'ICHIRO
Lob der Meisterschaft. Manesse, Zürich: 2010.

TANIZAKI, JUN'ICHIRO
Lob des Schattens. Manesse, Zürich: 2010.

TILLICH, PAUL
Der Mut zum Sein. Furche, Hamburg: 1965.

TRIGGS, OSCAR LOVELL
Arts & Crafts. Sirocco, London: 2009.

TRUNGPA, CHÖGYAM
Achtsamkeit, Meditation und Psychotherapie: Einführung in die buddhistische Psychologie. Arbor, Freiburg: 2006.

TURKLE, SHERRY
Verloren unter 100 Freunden. Wie wir in der digitalen Welt seelisch verkümmern. Riemann, München: 2012.

◆

VON BRÜCK, MICHAEL
Einführung in den Buddhismus. Verlag der Weltreligionen, Frankfurt/Main: 2007.

VON BRÜCK, MICHAEL
Wie können wir Leben? Religion und Spiritualität in einer Welt ohne Maß. Beck, München: 2009.

VON BRÜCK, MICHAEL
Zen. Geschichte und Praxis. Beck Wissen, 2. Auflage, München: 2007.

◆

WAFU NISHIJIMA, GUDO
Dogen. Die Schatzkammer der wahren Buddhistischen Weisheit. O.W. Barth, Frankfurt/Main: 2005.

WALACH, HARALD
Spiritualität. Warum wir die Aufklärung weiter führen müssen. Drachen, Klein Jasedow: 2011.

WARNER, BRAD
Hardcore Zen. Punk Rock, Monsterfilme & die Wahrheit über Alles. Aurum, 2. Auflage, 2010.

WATTS, ALAN
Zen – Stille des Geistes. Theseus, Stuttgart: 2001.

WELSCH, WOLFGANG
Ästhetisches Denken. Reclam, 5. Auflage, Stuttgart: 1998.

WELSCH, WOLFGANG
Grenzgänge der Ästhetik. Reclam, Stuttgart: 1996.

WERLE, JOSEF M.
Klassiker der philosophischen Lebenskunst. Von der Antike bis zur Gegenwart. Goldmann, München: 2000.

WILL, HERBERT U.A.
Depression. Psychodynamik und Therapie. Kohlhammer, 3. Auflage, Stuttgart: 2008.

WILLIAMS, MARK, KABAT-ZINN U.A.
Der achtsame Weg durch die Depression. Arbor, Freiburg: 2009.

WITTCHEN, HANS-ULRICH
Handbuch Psychische Störungen. PVU Beltz: 2. Auflage, 1998.

WOOLF, VIRGINA
Ein eigenes Zimmer. Drei Guineen. Zwei Essays. S. Fischer, Frankfurt/Main: 2001.

◆

ZIZEK, SLAVOJ
Das fragile Absolute. Warum es sich lohnt, das christliche Erbe zu verteidigen. Volk & Welt, Berlin: 2000.

DANKE

Dieses Buch ist meinen kreativen Lehrern gewidmet: Patrick Damschen (San Bo Dojo, Bonn), Yesche U. Regel, Akincano M. Weber und Winfried Semmler-Koddenbrock (via integralis).

Dieses Buch wurde inspiriert und gefördert von Menschen, die Kreativität leben. Ich liebe sie und ihre Gedanken, betrete ihre Heterotopien und genieße ihre Anwesenheit: Petra Nyenhuis, Karin und Bertram Schmidt-Friderichs, Katrin Schacke, Alissa Tzybina, Diane-Sophie Durigon (Le Pop Lingerie, Köln), Maria-Christina Piwowarski und Frithjof Klepp (ocelot bookstore, Berlin), Clara Ott, Lotte Rügenbach, Mia Kern, Alexandra Liakou, Gebrüder Remmel (R^2 Buchhandlung, Siegburg), Regina Moths (München), Gerrit Babtist (Bauhaus-Uni, Weimar), Suna Meins (Texterschmiede, Hamburg), Diane-Sylvia Roemers, Uwe Britten, Denise Kopf, Jasmin Acar, Saskia Wragge, Thomas Morsch, Maria Otterbein, Karsten Rohrbeck, Cornelius Woelke, Cornelius Vogel, Gloria Lauterbach, Maxim Helldörfer, Frauke und Pia Schneider, Kathrin Sookie Brecker, Winfred Kaminski, Elena Erlenbusch, Sarah Raabe, Dirk Büchsenschütz, Leonie Altendorf (design:dialog, Wuppertal) und Michael Marks.

KREATIVITÄT AUSHALTEN

»MUSS ICH HEUTE WIEDER MACHEN, WAS ICH WILL?«

Ideen sprudeln, Deadlines und Kundengespräche bestimmen zunehmend auch die Abend- und Nachtstunden. Der Kunde will immer mehr, immer schneller und vor allem: Immer etwas anderes. Kennen Sie?

Frank Berzbach kennt den Designalltag aus nächster Nähe und er gibt wertvolle Tipps, damit der Traumjob nicht zum Alptraum wird. Die Psychologie für Designer lehrt Sie in den Kapiteln: Gestalterisch tätig sein / Richtig arbeiten / Allein arbeiten / Für Andere arbeiten / Falsch arbeiten / Nicht arbeiten, Kreativität auszuhalten.

Frank Berzbach
KREATIVITÄT AUSHALTEN
PSYCHOLOGIE FÜR DESIGNER

Gestaltung: Katrin Schacke
vierte Auflage
192 Seiten

Fadengeheftetes Flexcover
aus Skivertex mit runden Ecken
und einem Lesebändchen

Format 13,5 x 21 cm

ISBN 978-3-87439-786-5

29,80 EUR

ausgezeichnet unter den schönsten deutschen Büchern

ÜBER DEN AUTOR

Frank Berzbach, geboren 1971, hat in Köln und Bonn Pädagogik, Psychologie und Literaturwissenschaft studiert und an der Goethe-Universität in Frankfurt/Main promoviert. Nach einigen Jahren in der Bildungsforschung war er Fahrradkurier für einen schönen Buchladen. Er unterrichtet Psychologie und Kulturpädagogik an der ecosign/Akademie für Gestaltung und an der Fachhochschule Köln. Seine Interessen wechseln: gute Romane, schöne Bücher, LPs und Plattenspieler, Tee und das Verfassen von Texten aller Art, Radfahren und zu Fuß gehen, die Welt des Zen-Buddhismus und (rockige) Musik gehören dazu.

ÜBER DEN VERLAG

Vielleicht halten Sie zum ersten Mal ein Buch aus dem Verlag Hermann Schmidt in den Händen – und freuen sich an der Haptik dieses Buches?

Vielleicht suchen Sie neben der Anregung zu Achtsamkeit weitere schöne Bücher, die Ihren Kreativalltag leichter, erfolgreicher und schöner machen?

Gerne senden wir Ihnen unser Verlagsverzeichnis. Eine Mail an *info@verlag-hermann-schmidt.de* genügt. Oder Sie entdecken schönes Neues auf *verlag-hermann-schmidt.de* und bleiben mit unserem Newsletter auf dem Laufenden.

7. Auflage 2015

GESTALTUNG
Katrin Schacke
SATZ
Universitätsdruckerei H. Schmidt, Mainz
VERWENDETE SCHRIFTEN
DTL Documenta/Didot Elder/Miso
PAPIER
Eos bläulich weiß, 80 g/m²
(FSC Mix)
DRUCK & BUCHBINDEREI
Kösel GmbH & Co. KG, Altusried

VERLAG HERMANN SCHMIDT
Gonsenheimer Str.56
55126 Mainz
Tel – 06131 – 50 60 0
Fax – 06131 – 50 60 80
info@verlag-hermann-schmidt.de
www.verlag-hermann-schmidt.de
facebook – Verlag Hermann Schmidt
twitter – VerlagHSchmidt

ISBN 978-3-87439-829-9

◆

»Die Zukunft sollte man nicht vorhersehen wollen, sondern möglich machen.«
Antoine de Saint-Exupéry

WIR ÜBERNEHMEN VERANTWORTUNG. NICHT NUR FÜR INHALT UND GESTALTUNG, SONDERN AUCH FÜR DIE HERSTELLUNG.
Das Papier für dieses Buch stammt aus sozial, wirtschaftlich und ökologisch nachhaltig bewirtschafteten Wäldern und entspricht deshalb den Standards der Kategorie »FSC Mix«.

BÜCHER HABEN FESTE PREISE!
In Deutschland hat der Gesetzgeber zum Schutz der kulturellen Vielfalt und eines flächendeckenden Buchhandelsangebotes ein Gesetz zur Buchpreisbindung erlassen. Damit haben Sie die Garantie, dass Sie dieses und andere Bücher überall zum selben Preis bekommen: bei Ihrem engagierten Buchhändler vor Ort, im Internet, beim Verlag. Sie haben die Wahl. Und die Sicherheit. Und ein Buchhandelsangebot, um das uns viele Länder beneiden.

PRINTED
IN
GERMANY
WITH
LOVE